新时代怎样做好调查研究

阮 青 马彦涛 著

人民出版社

目 录 Contents

第一章

调查研究是我们党的传家宝

　　最近，中共中央办公厅印发了《关于在全党大兴调查研究的工作方案》（以下简称《工作方案》），全面阐述了大兴调查研究的重要意义、总体要求、调研内容、办法步骤和工作要求。《工作方案》指出："为深入学习贯彻习近平新时代中国特色社会主义思想，全面贯彻落实党的二十大精神，党中央决定，在全党大兴调查研究，作为在全党开展的主题教育的重要内容，推动全面建设社会主义现代化国家开好局起好步。"毫无疑问，这是在党的二十大召开之后，全党全国各族人民迈上全面建设社会主义现代化国家新征程、向第二个百年奋斗目标进军的关键时刻，向全党发出的大兴调查研究，分析实现中国式现代化所面临的新情况、新问题，探索解决这些新情况、新问题的新思路的集结号；是党的调查研究的优良传统在新的历史条件下的继承和弘扬；是加强党的作风建设，增强党的自我革命精神，有效防范和化解重大风险的有效措施；是对党的调查研究理论的极大丰富和发展。

　　从某种意义上来说，中国共产党的历史就是调查研究的历史。中国共产党人在领导中国革命、建设和改革的不同历史时期，都十分重视调查研究；正是通过深入细致的调查研究，不断了解中国的基本国情，找到解决中国革命、建设和改革过程中所遇到重大问题的新思路、新方法，展示了中国共产党的政治勇气和顽强意志；正是通过深入细致的调查研究，不断总结人民群众所创造的新鲜经验，推进党和国家事业战胜急流险滩而蓬勃发展，展示了中国特色社会主义道路的无比优越和美好前景；正是通过深入细致的调查研究，不断概括人民群众所创造的思想观念，积极进行理论概括和理论创新，展示了马克思主义的巨大生命力和时空穿透力。

党的十八大以来，以习近平同志为核心的党中央更加高度重视调查研究工作，强调调查研究是谋事之基、成事之道；没有调查就没有发言权，没有调查就没有决策权；正确的决策离不开调查研究，正确的贯彻落实同样也离不开调查研究；调查研究是获得真知灼见的源头活水，是做好工作的基本功，因而要在全党大兴调查研究之风。习近平总书记这些重要论述，强调了在新时代搞好调查研究的极端重要性，极大丰富和发展了党的调查研究理论，为全党大兴调查研究、做好各项工作提供了根本遵循。

一、调查研究是谋事之基，成事之道

所谓调查研究包括调查和研究两个阶段。调查主要是指通过亲自观察、走访座谈、查阅资料等方式来感知认识社会现象和客观事物的感性认识活动；研究主要是指通过对调查阶段所获得的感性材料进行去粗取精、去伪存真、由此及彼、由表及里的整理和分析工作，进而认识社会现象和客观事物的本质及其发展规律的理性认识活动。毛泽东在《实践论》中指出："理性认识依赖于感性认识，感性认识有待于发展到理性认识。"[①] 只有通过深入细致的调查工作获得大量客观、真实、翔实的材料，才能够为科学的研究提供坚实的基础；也只有通过科学研究认识客观事物的本质及其发展规律，才能更好地指导我们的工作实践。当然，把调查和研究分成两个阶段，只是一种理论思考的抽象；在现实的调查研究活动过程中，调查和研究是密切联系在一起的，甚至调查的过程就是研究的过程。因此，调查研究工作作为一

---

① 《毛泽东选集》第 1 卷，人民出版社 1991 年版，第 291 页。

项深入而广泛的社会实践活动，构成马克思主义及其政党的鲜明实践特色；调查研究理论作为社会实践活动的理论概括，构成马克思主义及其政党理论的重要组成部分。

马克思、恩格斯历来十分重视调查研究工作。他们在创立科学社会主义理论的过程中，不仅进行了深入而广泛的社会调查，而且创立了系统的调查研究理论，为我们进行调查研究活动提供了科学的理论指导和经典的案例示范。甚至可以说，正是通过深入实际的调查研究，推动马克思、恩格斯实现思想的根本转变，去创立自己的科学理论体系。我们大家都知道，马克思在大学是学习哲学的，毕业后到《莱茵报》工作，"第一次遇到了对物质利益发表意见的难事"，主要是"林木盗窃法"和"为摩塞尔记者辩护事件"。所谓对物质利益发表意见"难"的根本原因，在于马克思是以黑格尔的思想体系来认识世界、把握现实的。马克思在进行深入细致的调查研究的基础上，写出了《关于林木盗窃法的辩论》和《摩塞尔记者的辩护》。他以国家和法来批判私人利益、以出版自由来批判书报检查制度、以公平正义来揭露反动政府对农民的悲惨生活及其控诉置之不理的麻木状态。然而，获得胜利的不是贫困的农民，而是私人利益和书报检查制度。《莱茵报》甚至被指责为教唆农民反对政府，其目的"并不是为了增进农民的幸福，而是企图煽动不满情绪削弱当局和臣民的联系"。理论与现实的尖锐矛盾使得马克思产生了深深的苦恼，原来的哲学信仰发生动摇，推动他去重新研究黑格尔的法哲学。他于1843年写了《黑格尔法哲学批判》，清算了自己的哲学信仰；此后，他深入工厂、农村、商店等地进行广泛认真的调查研究，目睹了无产阶级悲惨的生活状况，并对其进行理论分析和抽象，写出《1844年经济学哲学手稿》这部震撼人心的经典作品。在这部著作中，他超越了黑格尔唯心主义的世界观，站在唯物主义的立场上来研究国家、法和利益的关系问题，着手探索和制定科学的世界观和方法论。1846年，他和恩格斯一起撰写了《德意志意识形态》，阐述了自己创立的唯物史观；1848年又一起撰写了《共产党宣言》，标志着马克思主义的诞生。恩格斯也十分重视调查研究，注意观察人们的生活状况。18岁时就撰写了《乌培河谷的来信》，揭露了资产阶级的伪善面目，刻画出一幅生动的社会风俗画卷。1842年11月至1844年8月，他在英国居住期间深入工人住宅区进行实地调查，了解英国工人阶级的劳动和生活状况，同时广泛搜集和仔细研究他所能看到的各种官方文件和资料，撰写出《英国工人阶级状况。根据亲身观察和可靠材料》。可以说，正是通过这种深入细致的社会调查研究活动，促使马克思、恩格斯更加深切地感受到工人阶级饥寒交迫的痛苦生活，激发他们为工人阶级翻身得解放而创造理论的热情，鼓舞他们为推翻资本主义制度而进行不懈奋斗的精神。毛泽东曾说："马克思、恩格斯努力终生，作了许多调查研究工作，才完成了科学的共产主义。"①

中国共产党人继承了马克思、恩格斯重视调查研究的优良传统，并在领导中国革命战争的过程中，总结其新鲜经验，赋予其新的内含，构建起独具特色的调查研究理论。应该讲，中国共产党人积极倡导调查研究是为了解决两个问题：一是如何处理马克思主义与中国革命实际的关系。即担负着领导中国革命历史重任的中国共产党人，在领导中国革命伟大斗争的实践过程中，是从马克思、恩格斯、列宁的书本出发，搞教条主义，还是从中国革命的实际出发，总结和概括出中国共产党人的理想体系？二是如何认识中国的国情，把握中国社会的特

---

① 《毛泽东文集》第2卷，人民出版社1993年版，第378页。

殊性，从而在马克思主义基本理论指导下，科学认识中国社会的主要矛盾，进而确定革命任务、革命对象、革命依靠力量、革命领导者、革命的未来前景等基本问题，回答中国共产党人所面临的时代之问、人民之问。毫无疑问，能否正确解决这两个问题，关系着中国革命事业的前途命运，关系着中国共产党的兴衰成败。应该肯定，先进的中国人在接受马克思主义之初，尽管对马克思主义的基本理论仅仅是一般了解，却已经明确意识到要把马克思主义与中国实际相结合。如李大钊指出："马克思的学说真是拯救中国的导星"①。但是，要使马克思主义真正成为指导中国革命的思想武器，必须处理好理论与实践或共性与个性的关系。他认为，社会主义的"共性"要与中国的"特性"相结合。"共性是普遍性，特性是随时随地不同者。"②中国的特殊国情决定着中国的社会主义，必定与英、德、俄等国的社会主义有区别。怎样认识和把握中国社会的"个性"，当然是深入细致的调查研究。在中国共产党的创建时期，李大钊等人就经常到工厂、农村开展多种形式的调查研究，并初创了党的调查研究理论。

毛泽东更加重视调查研究，并深入实际进行大量的调查研究，写出许多高质量的调查研究报告，构建起系统的调查研究理论。早在1914年，他在湖南师范读书时，就在课堂笔记《讲堂录》中写道："闭门求学，其学无用。欲从天下国家万事万物而学之，则汗漫九垓，遍游四宇尚已。"这个认识成为他毕生坚守的理念。正是在深入调查研究的基础上，他于1925年写出《中国社会各阶级的分析》，为人们精确地刻画出中国社会各阶级、阶层的经济地位、政治态度的立体图卷，才真正解决了"谁是我们的敌人？谁是我们的朋友？"这个"革

---

① 《李大钊文集》下卷，人民出版社1984年版，第52页。
② 《李大钊文集》下卷，人民出版社1984年版，第376页。

命的首要问题"。1927年初,他在实地考察湘潭、湘乡、衡山、醴陵、长沙等地农民运动之后,撰写了《湖南农民运动考察报告》,有力地回答了一些人关于农民运动"好得很"还是"糟得很"的问题。1929年,针对党内存在的严重的主观主义和教条主义,他在为中国共产党红军第四军第九次代表大会写的决议当中提出,"(一)教育党员用马克思列宁主义的方法去作政治形势的分析和阶级势力的估量,以代替主观主义的分析和估量。(二)使党员注意社会经济的调查和研究,由此来决定斗争的策略和工作的方法,使同志们知道离开了实际情况的调查,就要堕入空想和盲动的深坑。"[①]1930年5月,毛泽东专门撰写了《调查工作》一文(1964年编入《毛泽东著作选读(甲种本)》时,毛泽东为其改名为《反对本本主义》)。可以说,这篇文章是毛泽东调查研究思想的代表作,构建起系统的调查研究理论和方法论。毛泽东曾经说:"我对自己的文章有些也并不喜欢,这一篇我是喜欢的。""文章的主题是,做领导工作的人要依靠自己亲身的调查研究去解决问题。书面报告也可以看,但是这跟自己亲身的调查是不相同的。"[②]1941年7月,毛泽东亲自起草了《中共中央关于调查研究的决定》,明确指出:"我党现在已是一个担负着伟大革命任务的大政党,必须力戒空疏,力戒肤浅,扫除主观主义作风,采取具体办法,加重对于历史,对于环境,对于国内外、省内外、县内外具体情况的调查与研究,方能有效地组织革命力量,推翻日本帝国主义及其走狗的统治。"[③]毛泽东关于调查研究的理论和实践,为我们赢得新民主主义革命的胜利,奠定了坚实的理论基础和实践基础。应该说,毛泽东是

---

① 《毛泽东选集》第1卷,人民出版社1991年版,第92页。
② 《毛泽东文集》第8卷,人民出版社1999年版,第252、253页。
③ 《毛泽东文集》第2卷,人民出版社1993年版,第361页。

农民的儿子，对中国的农村、农民有着深刻的了解。他在领导中国革命和建设的各个时期，都十分重视深入实际调查，力图真正掌握中国社会的发展规律，以便从中国社会实际出发，开创具有中国特色的革命和建设的道路。当中国社会主义建设事业遭受重大挫折的时候，他又深有感触地说：我们有许多同志，包括一些高级领导干部，大概是官做大了，调查研究工作不大做了，或者不那么认真了；"我这个人就是官做大了，我从前在江西那样的调查研究，现在就做得很少了。"[1]一切从实际出发，首先要深入实际做细致的调查研究工作；不做调查研究或者不做正确的调查研究，必定会犯大大小小的错误，这是毛泽东留给我们的宝贵的精神财富。

邓小平也十分重视调查研究工作。早在 1956 年 9 月召开的党的八大上，他在《关于修改党的章程的报告》中就提出："一个党和它的党员，只有认真地总结群众的经验，集中群众的智慧，才能指出正确的方向，领导群众前进。""离开群众经验和群众意见的调查研究，那末，任何天才的领导者也不可能进行正确的领导。"[2]他还以调查研究为主题，发表多次讲话，最著名的是 1961 年 3 月 19 日发表的《根本的工作方法就是调查研究实事求是》、同月 27 日发表的《大跃进以来的教训是调查研究很少》、4 月 3 日发表的《根据各地特点进行农村调查》。在这三篇讲话中，邓小平深刻分析了当时在调查研究中存在的各种问题，全面阐述了调查研究与实事求是的关系，论证了调查研究的主要目的、重要方法和基本原则，充分体现了马克思主义的唯物主义思想、实事求是精神和求真务实理念。当社会主义探索经历了重大曲折之后，"什么是社会主义，怎样建设社会主义"的时代课

---

① 《毛泽东文集》第 8 卷，人民出版社 1999 年版，第 237 页。

② 《邓小平文选》第 1 卷，人民出版社 1989 年版，第 218—219、219 页。

题摆在中国共产党人面前，邓小平以伟大政治家的胆量和胸怀，再次强调："先作调查研究，然后才有发言权。开会也好，作决议也好，搞文件也好，都要从实际出发，提出问题，总结经验，制定方针政策，这就是实事求是。"① 正是因为通过深入细致的调查研究工作而对中国世情国情党情有深刻理解，才有了作为中国改革开放窗口的"经济特区"的蓬勃发展，才有了著名的"南方谈话"等一系列重要思想的提出，使邓小平成为名副其实的中国改革开放的"总设计师"。

习近平总书记继承党的调查研究的优良传统，在深入调查研究的过程中不断丰富和发展党的调查研究理论。他在担任中共中央党校校长期间，曾于 2011 年秋季学期第二批进修班开学典礼上专门作了"领导干部要做好调查研究工作提高调查研究能力"重要讲话，并提出"调查研究是做好领导工作的一项基本功"的思想。党的十八大刚刚结束，中共中央政治局便于 2012 年 12 月 4 日召开会议，审议通过了中共中央关于改进工作作风、密切联系群众的八项规定，其第一项要求就是领导干部必须搞好调查研究。尽管八项规定只有 600 多字，却从调查研究、会议安排、文件简报、出访活动、警卫工作、新闻报道、文稿发表、勤俭节约等八个方面，对加强党的作风建设立下了严格的规矩，充分展示了以习近平同志为主要代表的中国共产党人，深刻洞察党内存在的各种问题，下决心狠抓全面从严治党的崭新精神风貌。2020年秋季学期中央党校（国家行政学院）中青年干部培训班的"第一课"上，习近平总书记要求广大年轻干部要提高七大能力，排在第二位的是调查研究能力，强调，调查研究是做好工作的基本功，一定要学会调查研究，在调查研究中提高工作本领。习近平总书记关于调查研究

---

① 《邓小平军事文集》第 3 卷，军事科学出版社、中央文献出版社 2004 年版，第 107 页。

的理论构成习近平新时代中国特色社会主义思想的重要组成部分。

习近平总书记不仅重视调查研究理论的创新，而且非常重视深入基层的调查研究工作。2014年3月，习近平总书记在河南省兰考县委常委扩大会议上的讲话中，曾回忆自己搞调查研究的过程，总结自己搞调查研究的体会。他说："我曾经说过，当县委书记要走遍全县各村，当地市委书记要走遍各乡镇，当省委书记要走遍各县市区。我履行了这一条。"在正定当县委书记时走遍了所有的村，有时候骑着自行车下乡；在福建当市委书记、地委书记时，走遍福州、宁德的乡镇；在浙江当省委书记时走遍全部县市区，提出浙江发展"八八战略"，即发挥八个方面优势、采取八个方面举措。正是基于深入广泛细致的调查研究，对新时代中国社会所面临的世情国情党情有了深刻的理解，从而创立新时代中国特色社会主义思想。

二、调查研究是应对挑战化解风险的有效途径

习近平总书记曾指出："调查研究不仅是一种工作方法，而且是关系党和人民事业得失成败的大问题。""回顾我们党的发展历程可以清楚地看到，什么时候全党从上到下重视并坚持和加强调查研究，党的工作决策和指导方针符合客观实际，党的事业就顺利发展；而忽视调查研究或者调查研究不够，往往导致主观认识脱离客观实际、领导意志脱离群众愿望，从而造成决策失误，使党的事业蒙受损失。"①所以说，能否进行调查研究，能否进行正确的调查研究，是我们党在领导革命、建设和改革各个历史时期，积极应对来自各方面的挑战、防范和化解重大风险的有效途径。《工作方案》指出："当前，我国

---

① 习近平：《深入实际实事求是提高调查研究的水平和成效》，《学习时报》2011年11月21日。

发展面临新的战略机遇、新的战略任务、新的战略阶段、新的战略要求、新的战略环境。世界百年未有之大变局加速演进，难预料因素增多，国内改革发展稳定面临不少深层次矛盾躲不开、绕不过，各种风险挑战、困难问题比以往更加严峻复杂，迫切需要通过调查研究把握事物的本质和规律，找到破解难题的办法和路径。"因此，在全党大兴调查研究，是准备应对新时代新征程前行道路上的风高浪急甚至惊涛骇浪的重大考验、积极推进中国式现代化建设的有力举措。

一般说来，所谓风险是主体在认识和实践过程中可能遇到的与主体价值目标相违背从而损害主体利益的危害，是处于无法直接感知的、潜在的、未然状态的危害。应该讲，在中国共产党百年奋斗的历史上，我们曾遇到诸多重大风险，如陈独秀妥协退让的机会主义、王明照抄照搬的教条主义、"大跃进"式的冒进主义等等，都因脱离中国实际而给党和国家事业造成巨大损失；而每一次遇到重大风险，我们党都能够通过深入细致的调查研究，分析产生重大风险的根本原因，找到化解重大风险的有效途径，从而每一次都能有效化解重大风险，在化解风险中探索事业发展新机遇，推动事业发展再上新台阶。党的二十大报告指出："全面建设社会主义现代化国家，是一项伟大而艰巨的事业，前途光明，任重道远。我们必须增强忧患意识，坚持底线思维，做到居安思危、未雨绸缪，准备经受风高浪急甚至惊涛骇浪的重大考验。"习近平总书记要求我们："要加强对各种风险源的调查研判，提高动态监测、实时预警能力，推进风险防控工作科学化、精细化，对各种可能的风险及其原因都要心中有数、对症下药、综合施策，出手及时有力，力争把风险化解在源头，不让小风险演化为大风险，不让个别风险演化为综合风险，不让局部风险演化为区域性或系统性风险，不让经济风险演化为社会政治风险，不让国际风险演化为国内风险。"① 要有效防范化解在全面建设社会主义现代化国家过程中可能遇到的重大风险，要求我们在调查研究的过程中，必须坚持胸怀天下，具备世界眼光，在开拓创新中防范化解重大风险；既能善于分析面上的情况，又要勇于"解剖麻雀"，从工作细微处防范化解重大风险；要站稳人民立场，解百姓之忧困，依靠人民群众防范化解重大风险。

（一）调查研究要有世界眼光，在开拓创新中防范化解重大风险

党的二十大报告指出："中国共产党是为中国人民谋幸福、为中华民族谋复兴的党，也是为人类谋进步、为世界谋大同的党。我们要拓展世界眼光，深刻洞察人类发展进步潮流，积极回应各国人民普遍关切，为解决人类面临的共同问题作出贡献，以海纳百川的宽阔胸襟借鉴吸收人类一切优秀文明成果，推动建设更加美好的世界。"这就要求我们，要有效防范化解重大风险，在调查研究的过程中，必须胸怀天下，具有世界眼光，着眼于全球现代化的浪潮，着眼于中华民族伟大复兴，着眼于中国式现代化的伟大事业，敢于冲破各种思想观念的束缚，积极开创解决中国社会发展进程中所产生各种问题的新思路。

深圳由一个小渔村经过短短四十多年的时间发展成一个国际化大都市，为我们树立了具有胸怀天下的博大格局、放眼未来的世界眼光、通过调查研究而防范化解重大风险的经典案例。我们永远不会忘记，经历过"十年浩劫"的中国，社会财富匮乏，民生困苦凋敝，人们思想困惑迷茫。"中国向何处去"的时代问题，再次摆在人们面前。各地党政领导机关和人民群众都在积极探索经济社会发展的新路。

---

① 《习近平著作选读》第一卷，人民出版社2023年版，第382—383页。

1979年4月，习仲勋代表广东省委向党中央提出建议，以邻近香港、澳门的深圳、珠海以及汕头兴办出口加工区。邓小平表示赞同，并说："还是叫特区好，陕甘宁开始就叫特区嘛！中央没有钱，可以给些政策，你们自己去搞，杀出一条血路来。"①"杀出一条血路"，可见邓小平当时就意识到这条道路上布满了荆棘，埋满了地雷，思想上、观念上的斗争会十分尖锐，开创这条新路可能需要付出血的代价。但是，这是一条值得用鲜血去探索的新路。1980年5月16日，中共中央、国务院批转《广东、福建两省会议纪要》，正式将特区定名为"经济特区"。"经济特区"政策如同给深圳的建设插上了翅膀，使深圳成为全中国甚至全世界关注的焦点。然而，这确实是一条"血路"，围绕着深圳姓"社"还是姓"资"的问题，整个中国思想界、理论界展开了异常尖锐的争论。毫无疑问，如何评价深圳经济特区的性质、要不要坚持深圳经济特区的发展道路，直接关系到中国改革开放事业的兴衰，关系到中国特色社会主义的成败，关系到中国共产党执政地位能否巩固。

在这样一个危机时刻，1984年1月，邓小平坐上南下的列车，前往深圳、珠海、厦门等经济特区实地调查研究。中午到达深圳，下午便不顾旅途劳顿，会见了深圳市委书记等当地领导干部，明确表态：你们讲，我听。在一个施工工地上，听说正在建设的世贸大楼三天就能盖一层时，他笑着说："这就是深圳速度。"通过这次调查研究，他为深圳特区的题词为："深圳的发展和经验证明，我们建立经济特区的政策是正确的。"可以说，邓小平的这次调查研究，不仅结束了国内要不要办特区的争论，同时对推动全国开放新格局的形成发挥了

---

① 《邓小平年谱（一九七五——一九九七）》（上），中央文献出版社2004年版，第510页。

重要作用。1992 年春天，邓小平再次到深圳、珠海、上海等地考察。他很高兴地说："八年过去了，这次来看，深圳、珠海特区和其他一些地方，发展得这么快，我没有想到。看了以后，信心增加了。"[①]他总结了深圳特区发展的经验："改革开放胆子要大一些，敢于试验，不能像小脚女人一样。看准了的，就大胆地试，大胆地闯。深圳的重要经验就是敢闯。没有一点闯的精神，没有一点'冒'的精神，没有一股气呀、劲呀，就走不出一条好路，走不出一条新路，就干不出新的事业。"[②]针对当时思想界发生的十分激烈的特区姓"社"还是姓"资"的争论，邓小平态度十分明确地指出："改革开放迈不开步子，不敢闯，说来说去就是怕资本主义的东西多了，走了资本主义道路。要害是姓'资'还是姓'社'的问题。判断的标准，应该主要看是否有利于发展社会主义社会的生产力，是否有利于增强社会主义国家的综合国力，是否有利于提高人民的生活水平。"[③]这就是著名的"三个有利于"的判断标准。按照这个标准，邓小平明确给特区定性："特区姓'社'不姓'资'。"邓小平的南方谈话吹响了改革开放新的号角，掀起中国改革开放新的高潮。

　　正如习近平总书记所指出的，深圳特区的发展进程，告诉我们一个根本性的道理："改革推进到现在，必须在深入调查研究的基础上提出全面深化改革的顶层设计和总体规划，提出改革的战略目标、战略重点、优先顺序、主攻方向、工作机制、推进方式，提出改革总体方案、路线图、时间表。"[④]要胸怀天下，具有世界眼光，敢于冲破

---

①　《邓小平文选》第 3 卷，人民出版社 1993 年版，第 370 页。
②　《邓小平文选》第 3 卷，人民出版社 1993 年版，第 372 页。
③　《邓小平文选》第 3 卷，人民出版社 1993 年版，第 372 页。
④　《习近平关于全面深化改革论述摘编》，中央文献出版社 2014 年版，第 32 页。

各种陈旧僵化思想观念的束缚，通过顶层设计来强化改革的整体性、系统性和协同性，有效解决经济社会发展遇到的深层次问题；通过顶层设计来强化理论的先导性，使改革举措能够遵从事物发展的客观规律，确保全面深化改革符合最广大人民群众的根本利益；通过顶层设计来强化党的集体领导和集体决策，从而使重大决策更能体现科学性、规律性、群众性。

（二）调查研究既要分析面上的情况，又要从工作细微处防范化解重大风险

习近平总书记指出："我们进行深入的调查研究，既总体分析面上的情况，又深入解剖麻雀，提出可行的政策举措和工作方案。"他还指出："中国有 13 亿人口，治理不易，光是把情况了解清楚就不易。我常说，了解中国是要花一番功夫的，只看一两个地方是不够的。中国有 960 万平方公里，56 个民族，13 亿人口，了解中国要切忌'盲人摸象'。"[①] 因此，通过调查研究来掌握中国社会发展的一般情况，了解中国社会发展的一般规律，是每一位党政领导干部的基本职业。

但是，我们特别要注意的是，要有效防范化解重大风险，调查研究必须深入细致，防微杜渐。因为，任何一个重大风险的酝酿和发生，其原因是纷繁复杂的。如何从纷繁复杂的原因中找到主要原因，从多种多样的办法中找到有效方法，无疑只能通过深入细致的调查研究。

讲一个真实的故事。1947 年，刘伯承、邓小平率领部队千里挺进大别山，到了淮河岸边却被河水挡住去路。此时，后面的敌人即将追上，搭架浮桥又来不及，去查看水势的参谋回来向刘伯承报告说：

---

① 《习近平谈治国理政》第一卷，外文出版社 2018 年版，第 409 页。

"大水滔滔，难以过河。"刘伯承耐心地告诉他："应该看水深、流速、河底情况等，'河水滔滔'是什么概念？"很显然，那位参谋只看到淮河水流的表面现象，而没有进行深入细致的调查研究。刘伯承带了一名警卫员，找了一个小筏子下了河，手拿一根竹杆用来测试水深和水的流速；当他看到一个人从上游拉着牲口过了河时，主观的测试和他人的行为，使他当即做出判断，大部队可以徒步过河。正是从水深、流速、河底等多个细节来正确认识大河的情况，才能够做出正确的判断，从而成功摆脱了敌人，为取得革命胜利赢得宝贵的时间。我们今天要在全党大兴调查研究，同样要及时捕捉可能引发重大风险的苗头，采取有效措施来防范化解重大风险的发生。

（三）调查研究要解百姓之忧困，依靠人民群众防范化解重大风险

要有效防范化解重大风险，调查研究必须站稳人民立场，为人民谋利益，解百姓之忧困，最大限度满足人民的需要，依靠人民来防范化解重大风险。据报道，在苏联解体之前，苏联社会科学院作了一项问卷调查，其中有一个问题是：你认为苏共代表谁的利益。调查结果显示：认为苏共代表工人利益的占4%，认为苏共代表全体人民利益的占7%，认为苏共代表全体党员利益的占11%，认为苏共代表党的官僚、干部和机关工作人员利益的居然占到78%。或许从这个调查结果里我们可以找到苏共垮台的重要原因。

有一句大家都很熟悉的话："人民选择了中国共产党，历史选择了中国共产党。"这绝对不是一句空话。民国时期，中国注册的党派有300多个，甚至不少党派冠上了世界上著名政党的名字，而且确实得到来自西方的物资、人员甚至武器的援助。然而，半个世纪的大浪

淘沙，中国共产党脱颖而出，并最终成为执政党。可以说，这个过程既展示着历史的必然性，也展示了历史的合理性：是中国共产党时刻坚持全心全意为人民服务的根本宗旨，关注人民大众的迫切需要，实践为人民大众的幸福而奋斗的信念，最终赢得广大人民群众的支持和拥戴，赢得了社会各界人士的支持和拥戴；是中国共产党团结带领人民历经千难万险，付出巨大牺牲，攻克了无数看似不可攻克的难关，化解了无数看似不可化解的风险，才创造了无数的彪炳史册的人间奇迹；也正是因为广大人民群众和社会各界人士的支持和拥戴，才把中国共产党送上执政党的大舞台，并演出一幕幕精彩绝伦的大戏。

我们看看当年美国人是怎么说的。1948 年底，中国人民解放军正以排山倒海之势消灭蒋介石的军事力量，而国民党电台的女播音员天天捏着嗓子嗲声嗲气地念叨着"共军节节败退、国军节节胜利"。美国远东问题战略专家们在举行座谈会，讨论的主题之一是"为什么中国共产党会取得胜利？"《纽约星报》（*New Youk Star*）发表了座谈会纪要。1949 年 1 月 12 日，上海有着悠久历史的英文报纸《密勒氏评论报》（*The China Weekly Review*）转载了这篇文章。文章提出："中国共产党人正在取得节节胜利，因为他们将一个能够满足人民大众迫切需要的纲领付诸行动。""共产党之所以节节胜利，因为他们比蒋政府更加关注中国人民的需要。他们的军队和政权是在一个为公众利益服务的明确思想指导下工作，更具有奉献精神和高效率。"[①] 是啊，不断深入了解人民群众的需要，千方百计满足人民大众的需要，让人民大众过上幸福生活，给人民大众以美好的希望和期待，进而调动一切积极因素，众志成城，凝聚赢得革命胜利的磅礴力量，是中国共产

---

① 张彦编译：《中共为什么会胜利》，《炎黄春秋》2009 年第 9 期。

党人能够得到人民的支持和拥护，不断防范化解重大风险的制胜法定。

古语说："政之所兴在顺民心，政之所废在逆民心"。中国共产党人历来关注人民群众的生活需要。早在环境极其恶劣、条件极其艰苦的战争年代，毛泽东就提出"要关心群众生活"。他指出："解决群众的穿衣问题，吃饭问题，住房问题，柴米油盐问题，疾病卫生问题，婚姻问题。总之，一切群众的实际生活问题，都是我们应当注意的问题。"[1] 他希望通过发展生产来满足人的需要，而且把能否满足人民群众的需要与能否巩固新生的政权联系起来。他指出，如果不能很快地学会生产工作，"不能使生产事业尽可能迅速地恢复和发展，获得确实的成绩，首先使工人生活有所改善，并使一般人民的生活有所改善，那我们就不能维持政权"[2]。这实际上就把能否满足人民群众的需要与中国共产党的执政基础联系起来，把真正满足人民群众的需要作为中国共产党各项工作的核心。毛泽东用通俗易懂的语言讲清楚了中国共产党同国民党和其他剥削阶级有着本质区别。他说："国民党也需要老百姓，也讲'爱民'。不论是中国还是外国，古代还是现在，剥削阶级的生活都离不了老百姓。他们讲'爱民'是为了剥削，为了从老百姓身上榨取东西，这同喂牛差不多。喂牛做什么？牛除耕田之外，还有一种用场，就是能挤奶。剥削阶级的'爱民'同爱牛差不多。我们不同，我们自己就是人民的一部分，我们的党是人民的代表，我们要使人民觉悟，使人民团结起来。在这个问题上，我们同国民党是对立的，一个要人民，一个脱离人民。"[3] 所以，毛泽东说："有无群众观点是我们同国民党的根本区别，群众观点是共产党员革命的

---

[1]　《毛泽东选集》第1卷，人民出版社1991年版，第136—137页。

[2]　《毛泽东选集》第4卷，人民出版社1991年版，第1428页。

[3]　《毛泽东文集》第3卷，人民出版社1996年版，第57—58页。

出发点与归宿。"① 在延安流传着许多毛泽东关心人民群众、爱护人民群众、帮助人民群众解决生活困难的佳话。

党的十八大以来，习近平总书记更加重视人民群众的作用。他反复强调："人民是我们党执政的最大底气，是我们共和国的坚实根基，是我们强党兴国的根本所在。"② 他指出："人民是历史的创造者。一切成就都归功于人民，一切荣耀都归属于人民。面向未来，要战胜前进道路上的种种风险挑战，顺利实现中共十九大描绘的宏伟蓝图，必须紧紧依靠人民。正所谓'大鹏之动，非一羽之轻也；骐骥之速，非一足之力也'。中国要飞得高、跑得快，就得汇集和激发近 14 亿人民的磅礴力量。"③ 在中国特色社会主义新时代，中国共产党作为执政党如何赢得广大人民的支持和拥护？习近平总书记向全党全国人民作出庄严承诺："人民对美好生活的向往，就是我们的奋斗目标"，要不断增强人民群众的获得感、幸福感、安全感。

首先，人民群众的获得感来自于自身需要的满足。需要是社会主体对基于社会发展和自身发展而产生的对其存在和发展条件的缺失或期待状态的观念性把握。在不同的社会发展阶段，人民群众需要的内涵、满足需要的方式、评价需要满足的标准，都是有差别的。这就要求我们必须通过深入细致的调查研究，真正了解人民群众的真实需要，选择满足需要的正确方式，确立满足需要的科学评价标准，真正急人民群众所急、解人民群众所忧、排人民群众所难，让人民群众具有实实在在的获得感。其次，人民群众的幸福感来自于多维需要的基本满足。应该讲，在全面建设社会主义现代化国家的过程中，人民群众的

---

① 《毛泽东文集》第 3 卷，人民出版社 1996 年版，第 71 页。
② 《习近平谈治国理政》第三卷，外文出版社 2020 年版，第 137 页。
③ 《习近平谈治国理政》第三卷，外文出版社 2020 年版，第 323 页。

需要在结构上更加复杂，内容上更加丰富，形式上更加多样，评价标准更加多元。习近平总书记曾说："我们的人民热爱生活，期盼有更好的教育、更稳定的工作、更满意的收入、更可靠的社会保障、更高水平的医疗卫生服务、更舒适的居住条件、更优美的环境，期盼孩子们能成长得更好、工作得更好、生活得更好。"[①] 这段讲话朴实亲切、饱含深情，向全世界展示了中国共产党人的执政理念和高尚情操。然而，能否准确把握人民群众的多维需要，能否用恰当的方式满足人民群众的多维需要，不仅是一个理论问题，更是一个直接关系党和国家事业兴衰成败的实践问题。这就要求我们党必须加快推进五大文明建设，尽量全方位满足人民群众的各种需要，真正使人民群众过上幸福生活。再次，人民群众的安全感来自于伴随着多种需要的满足而带来人生境界的升华，进而带来稳定、安逸、祥和、快乐、无忧的心理感受。人民群众各种需要得到满足的本质，就是克服需要满足的片面性、狭隘性、单一性、封闭性，实现需要满足的全面性、广泛性、多维性、提升性，实现人的自由全面发展。这就要求我们通过深入细致的调查研究，着眼于人民群众生活中多种需要，按照依次递进的原则，从满足人们的基本物质需要开始，逐步进入到满足人们的精神需要或自我实现需要的较高层次，让人民群众获得生活的安全感。安全感是人民群众的需要得到满足的最高境界，也是我们党能够防范化解各种重大风险，确保党和国家事业顺利发展的根本前提。

三、调查研究是做好领导工作的一项基本功

中国共产党的历届领导人不仅重视调查研究工作，而且十分重视

---

① 《习近平著作选读》第一卷，人民出版社 2023 年版，第 60 页。

提升领导干部调查研究工作的能力。陈云关于调查研究有一句非常著名的话。他说："领导机关制定政策，要用百分之九十以上的时间作调查研究工作，最后讨论作决定用不到百分之十的时间就够了。"①这里告诉我们一个极为重要的工作方法，即领导者要敢于且善于从各种繁杂的事务性工作的缠绕当中解放出来，拿出相当多的时间和精力去搞调查研究，提高调查研究的能力和本领。习近平总书记曾在不同场合多次强调，调查研究是做好领导工作的一项基本功。他认为："我们正处在大有可为的新时代。年轻干部要起而行之、勇挑重担，积极投身新时代中国特色社会主义伟大实践，经风雨、见世面，真刀真枪锤炼能力，以过硬本领展现作为、不辱使命。"他要求，广大年轻领导干部要在火热的社会实践中，勤于调研、乐于调研、善于调研，经受思想淬炼、政治历练和实践锻炼，把自己培养成为能堪大用、敢担重任、领导艺术高超的栋梁之材。

（一）在调查研究中经受严格思想淬炼

思想淬炼的本质是学习理论，而理论是行动的先导。经受严格的思想淬炼，首要的是加强对马克思主义基本原理和方法的学习。习近平总书记指出：马克思主义立场、观点、方法是做好工作的看家本领，是指导我们认识世界、改造世界的强大思想武器。党员干部一定要加强理论学习、厚实理论功底，自觉用新时代党的创新理论观察新形势、研究新情况、解决新问题，使各项工作朝着正确方向、按照客观规律推进。要坚持理论和实践相结合，注重在实践中学真知、悟真谛，加

---

① 《陈云文选》第3卷，人民出版社1995年版，第189页。

强磨练、增长本领。① 中国共产党百年奋斗历程证明，唯物主义辩证法是指导我们从事一切工作的根本指导思想和工作方法。因此，习近平总书记要求年轻干部：在学习理论上，干部要舍得花精力，全面系统学，及时跟进学，深入思考学，联系实际学。学习新时代中国特色社会主义思想，要深刻认识和领会其时代意义、理论意义、实践意义、世界意义，深刻理解其核心要义、精神实质、丰富内涵、实践要求。要紧密结合新时代新实践，紧密结合思想和工作实际，有针对性地重点学习，多思多想、学深悟透，知其然又知其所以然。学习理论最有效的办法是读原著、学原文、悟原理，强读强记，常学常新，往深里走、往实里走、往心里走，把自己摆进去、把职责摆进去、把工作摆进去，做到学、思、用贯通，知、信、行统一。②

经受严格的思想淬炼，必须通过调查研究认识和把握中国社会的主要矛盾，确定我们党的中心任务，保证我们的事业沿着正确的方向发展。毛泽东指出："一切实际工作者必须向下作调查。对于只懂得理论不懂得实际情况的人，这种调查工作尤有必要，否则他们就不能将理论和实际相联系。"③ 这就要求我们在调查研究的过程中，要立足于世情、国情、党情、民情，因人而异、因地制宜、因事而化、因势而新。要善于从国外国内的客观形势出发，从自身实际情况入手，全方面展开深入调查研究，摸透实际情况，在此基础上进行综合分析、对比判断，找出影响事物发展的有利因素，分清各自的地位、作用和相互关系，揭示事物矛盾发展的客观规律和必然趋势，从而在复杂的

---

①　《习近平在中央党校（国家行政学院）中青年干部培训班开班式上发表重要讲话》，《人民日报》2022年3月2日。

②　《习近平在中央党校（国家行政学院）中青年干部培训班开班式上发表重要讲话》，《人民日报》2019年3月2日。

③　《毛泽东选集》第3卷，人民出版社1991年版，第791页。

国际形势变化中，利用机遇、创造条件，推进中国特色社会主义伟大事业发展行稳致远。

在调查研究的过程中，不断解决问题，敢于创新理论。党的二十大报告指出："人民性是马克思主义的本质属性，党的理论是来自人民、为了人民、造福人民的理论，人民的创造性实践是理论创新的不竭源泉。一切脱离人民的理论都是苍白无力的，一切不为人民造福的理论都是没有生命力的。我们要站稳人民立场、把握人民愿望、尊重人民创造、集中人民智慧，形成为人民所喜爱、所认同、所拥有的理论，使之成为指导人民认识世界和改造世界的强大思想武器。"[1] 在通过深入细致的调查研究来解决工作中遇到的重大实践问题、积极推动理论创新方面，习近平同志为我们树立了榜样。我们都知道，习近平同志曾在福建工作过。福建是林业大省，在上个世纪 80 年代有些地方出现了乱砍滥伐的情况，中央暂停了分山到户工作；因为产权归属不清等体制机制问题，导致广大林农守着"金山银山"过穷日子的状况。二十多年过去了，还能不能分山到户，大家都拿不准。怎么办？在当时要解决产权归属不清等体制机制问题，推动实施林权制度改革，是有相当大的风险的。习近平同志经过反复的调查研究，认为林权制度改革关系老百姓切身利益，这个问题不解决，矛盾总有一天会爆发，还是越早解决越好，况且经济发展了、农民生活水平提高了，乱砍滥伐因素减少了，只要政策制定得好，方法对头，风险是可控的。"决心下定后，我们抓住'山要怎么分'、'树要怎么砍'、'钱从哪里来'、'单家独户怎么办'这 4 个难题深入调研、反复论证，推出了有针对性的改革举措，形成了全国第一个省级林改文件。2008 年中央 10 号

---

① 习近平：《高举中国特色社会主义伟大旗帜 为全面建设社会主义现代化国家而团结奋斗——在中国共产党第二十次全国代表大会上的报告》，人民出版社 2022 年版，第 19 页。

文件全面吸收了福建林改经验。做事要有魄力，为官要有担当。凡是有利于党和人民的事，我们就要事不避难、义不逃责，大胆地干、坚决地干，正所谓'苟利国家生死以，岂因祸福避趋之'"。[①] 习近平同志的这段话，充分展示了他的人生格局和为民情怀，也展示了他的政治胸襟和创新勇气。

（二）在调查研究中经受严格政治历练

政治历练的本质是加强党性修养，坚定理想信念信仰，自觉提升政治定力和政治能力，做一个政治过硬、本领高强的领导干部。中国共产党的党性是在长期领导革命、建设、改革事业的过程中形成的，是党的政治主张和政治活动的最高、最集中的表现，是党的性质、宗旨、目标等各个方面要素的综合反映，是衡量中国共产党区别于其他政党的显著标志，集中体现为党的理想信念信仰。

在调查研究过程中，自觉提升政治定力，牢固树立坚定的共产主义理想信念，自觉投身于中国特色社会主义事业伟大斗争中去。所谓政治定力，就是坚守理想信念信仰，在思想上政治上能够排除各种干扰、消除各种困惑，坚持正确的立场，保持正确的方向，忠诚于党、忠诚于人民、忠诚于马克思主义的能力。习近平总书记反复强调，理想信念就是共产党人精神上的"钙"，没有理想信念，理想信念不坚定，精神上就会"缺钙"，就会得"软骨病"。坚定理想信念，坚守共产党人精神追求，始终是共产党人安身立命的根本。对马克思主义的信仰，对社会主义和共产主义的信念，是共产党人的政治灵魂，是共产党人经受住任何考验的精神支柱。当然，共产主义信念的建立

---

① 《习近平谈治国理政》第四卷，外文出版社 2022 年版，第 530—531 页。

不是自发的，而是建立在对人类社会复杂规律的深刻揭示和总体把握基础上。共产主义的实现也如同世界上其他事物发展一样，也不是一帆风顺、一蹴而就的。因此，广大领导干部必须通过广泛细致的调查研究，深入学习马克思主义的基本立场、观点和方法，进一步坚定马克思主义信仰；深刻了解中国社会主义现代化事业的发展规律，进一步坚定中国特色社会主义信念；时刻牢记中国共产党的初心使命，进一步坚定全心全意为人民服务的宗旨；真正做到固本培元，凝神聚气，筑牢信仰信念，夯实思想政治根基，自觉抵制来自市场经济大潮的各种诱惑。

在调查研究过程中，自觉提升政治能力，把握政治方向，严守政治纪律，积累政治经验，自觉将讲政治贯穿于调查研究的全过程。习近平总书记指出："旗帜鲜明讲政治，既是马克思主义政党的鲜明特征，也是我们党一以贯之的政治优势。党领导人民治国理政，最重要的就是坚持正确政治方向，始终保持我们党的政治本色，始终沿着中国特色社会主义道路前进。"[①] 这就要求我们在调查研究过程中，要努力学会并善于从政治的高度来找准坐标、选准方位、瞄准靶心、观察和处理问题。要自觉提高政治判断力，以国家政治安全为大、以人民为重、以坚持和发展中国特色社会主义为本，增强科学把握形势变化、精准识别现象本质、清醒明辨行为是非、有效抵御风险挑战的能力。要自觉提高政治领悟力，必须明确自己的职责定位，对"国之大者"了然于胸，对党中央精神深入学习、融会贯通，坚持用党中央精神分析形势、推动工作，始终同党中央保持高度一致。要自觉提高政治执行力，要经常同党中央精神对表对标，切实做到党中央提倡的坚

---

① 《习近平著作选读》第二卷，人民出版社2023年版，第391页。

决响应，党中央决定的坚持执行，党中央禁止的坚决不做，坚持维护党中央权威和集中统一领导，做到不掉队、不走偏，不折不扣抓好党中央精神贯彻落实。

在调查研究过程中，要确立底线思维，增强忧患意识，发扬历史主动精神，增强政治敏锐性和政治鉴别力，提高防范化解政治风险的能力。习近平总书记反复强调："增强忧患意识，做到居安思危，是我们治党治国必须始终坚持的一个重大原则。"[①] 忧患意识是指党和政府、广大党政干部能够超越自身的利害、荣辱、成败，而将人类、国家、百姓的前途命运萦系于心，对人类、国家、百姓可能遭遇的困境和风险抱有的深切关注，并激发防范和化解风险的决心和意志。他要求，"我们重视调查研究，注重加强战略谋划，提高观大局、定大局、谋大事的能力，提高应对重大挑战、抵御重大风险、克服重大阻力、解决重大矛盾的领导能力。"[②] 因此，领导干部在调查研究的过程中，要自觉把准政治方向，面对错综复杂的矛盾和问题时，始终能够站稳脚跟，心眼明亮，在重大政治原则和大是大非问题上毫不含糊、毫不动摇，始终把握好政治方向之"舵"，做到政治上同向、思想上同心、步调上同频、行动上同力。特别要对容易诱发政治问题特别是重大突发事件的敏感因素、苗头性倾向性问题，做到眼睛亮、见事早、行动快，及时清除各种政治隐患；坚决防止和克服嗅不出敌情、分不清是非、辨不明方向的政治麻痹症。正如习近平总书记所要求的那样："在思想政治上讲政治立场、政治方向、政治原则、政治道路，在行动实践上讲维护党中央权威、执行党的政治路线、严格遵守党的政治纪律和

---

① 《习近平谈治国理政》第一卷，外文出版社 2018 年版，第 200 页。
② 《习近平关于调查研究论述摘编》，党建读物出版社、中央文献出版社 2023 年版，第 105 页。

政治规矩。"① 广大领导干部通过广泛深入的调查研究，发扬历史主动精神，不断增强斗争本领，以狭路相逢勇者胜的气概，投身到火热的社会生活中去，从容应对一系列风险考验，切实维护国家主权、安全、发展利益。

（三）在调查研究中经受严格实践锻炼

实践锻炼的本质是要求广大年轻干部自觉投身到火热的全面建设社会主义现代化国家的时代洪流之中，保持蓬勃向上的昂扬精神，在伟大的实践中培养坚强意志，积累工作经验，提高履职本领，强化责任担当，真正成为能担重任、能堪大用的栋梁之材。

古人云："纸上得来终觉浅，绝知此事要躬行。"领导干部调查研究，一定要深入生产和工作的第一线，深入到人民群众火热的社会实践中去。习近平总书记指出："在路上心里才有时代，在基层心里才有群众，在现场心里才能感动。越是信息发达、信息繁杂，越要把实践和基层当作最好的课堂，把群众当作最好的老师，俯下身、沉下心，察实情、说实话、动真情，不能悬在半空、浮于表面，不能'闻得鸡好卖，连夜磨得鸭嘴尖'。迈进群众的门槛容易，走进群众的心坎不易。如今，交通工具越来越发达，可以千里边关一日还、一日看尽长安花，但不能走马观花、浮光掠影。"② 我们要坚决反对那种走出办公大楼、离开机关大院就是调查研究的做法，坚持杜绝听听下级汇报、阅读相关资料就是调查研究的行为，坚持禁止坐着汽车转转、撑着雨伞看看就是调查研究的作派，真正在调查研究的实践中深入了解中国的国情，不断积累从政经验，努力提升自己各方面的能力。

---

① 《习近平著作选读》第二卷，人民出版社 2023 年版，第 107 页。
② 《习近平关于调查研究论述摘编》，党建读物出版社、中央文献出版社 2023 年版，第 63 页。

　　在调查研究中经受严格实践锻炼，才能真正了解社情民情，追求工作的实际效果，明确自己的历史使命。毛泽东曾指出："要做这件事，第一是眼睛向下，不要只是昂首望天。没有眼睛向下的兴趣和决心，是一辈子也不会真正懂得中国的事情的。""没有满腔的热忱，没有眼睛向下的决心，没有求知的渴望，没有放下臭架子、甘当小学生的精神，是一定不能做，也一定做不好的。必须明白，群众是真正的英雄，而我们自己则往往是幼稚可笑的，不了解这一点，就不能得到起码的知识。"[①]工作中是追求实际效果还是追求虚假效果，体现了一个领导干部的实践能力。马克思主义者历来强调实际效果。马克思曾说：共产主义"则径直是现实的和直接追求实效的"[②]。中国共产党的历代领导人都从不同角度强调了实效原则。习近平同志更是多次批评不讲实效的形式主义，认为"形式主义背后是功利主义、实用主义作祟，政绩观错位、责任心缺失，只想当官不想干事，只想出彩不想担责，满足于做表面文章，重显绩不重潜绩，重包装不重实效"[③]。所以，我们在调查研究过程中，必须毫不留情地抛弃各种追求虚效的思维方式、工作方法、规章制度，确立追求实效的思维方式、工作方法、规章制度，这是事业成功的重要保证。

　　在调查研究中经受严格实践锻炼，进而作出正确的战略判断，才能不断提高工作能力，增强领导本领。习近平总书记曾指出："好干部除了要加强学习，还要加强实践。'耳闻之不如目见之，目见之不如足践之。'知识和经验犹如雄鹰之双翼，只有经风雨、见世面，才能飞得更高、飞得更远。越是条件艰苦、困难大、矛盾多的地方，越

---

①　《毛泽东选集》第3卷，人民出版社1991年版，第789—790、790页。

②　《马克思恩格斯文集》第1卷，人民出版社2009年版，第187页。

③　《习近平谈治国理政》第三卷，外文出版社2020年版，第502页。

能锤炼人。干部要深入基层、深入实际、深入群众，在改革发展的主战场、维护稳定的第一线、服务群众的最前沿砥砺品质、提高本领。"[1] 他鼓励广大中青年干部要勇于到艰苦地区去磨炼自己，"艰难困苦、玉汝于成，刀要在石上磨、人要在事上练，不经风雨、不见世面是难以成大器的。"[2] 广大领导干部要深入基层了解中国的国情，在不断思考和解决问题的过程中积累厚实的领导经验，使其领导理念和思维方式日臻成熟，为其后登上更高的历史舞台奠定实践基础。

---

① 《习近平著作选读》第一卷，人民出版社 2023 年版，第 136 页。
② 《习近平谈治国理政》第四卷，外文出版社 2022 年版，第 525 页。

第二章

调查研究的总体要求

《工作方案》提出："要坚持以习近平新时代中国特色社会主义思想为指导，全面贯彻落实党的二十大精神，紧紧围绕党的理论和路线方针政策、党中央重大决策部署的贯彻执行，大力弘扬党的光荣传统和优良作风，突出问题导向和目标导向，促进广大党员、干部特别是领导干部带头深入调查研究，不断深化对党的创新理论的认识和把握，善于运用党的创新理论研究新情况、解决新问题、总结新经验、探索新规律，扑下身子干实事、谋实招、求实效，使调查研究工作同中心工作和决策需要紧密结合起来，更好为科学决策服务，为提高党的执政能力和领导水平服务，为完成新时代新征程的使命任务服务。"为了真正搞好这次调查研究，《工作方案》站在习近平新时代中国特色社会主义思想世界观和方法论的高度，系统提出"五个必须坚持"的总体要求。

一、必须坚持党的群众路线

《工作方案》要求："在全党大兴调查研究，必须坚持党的群众路线，从群众中来、到群众中去，增进同人民群众的感情，真诚倾听群众呼声、真实反映群众愿望、真情关心群众疾苦，自觉向群众学习、向实践学习，从人民的创造性实践中获得正确认识，把党的正确主张变为群众的自觉行动。"

在古希腊神话中，巨人安泰是地神之子。作为地神之子，只要他的身体不离开大地，就能从大地母亲那里不断汲取力量，因而所向无敌，战无不胜；但是，只要他的身体离开大地，便会失去力量的来源，也就没有了战斗力。他的对手赫拉克勒斯发现了他的这个弱点，在一次搏斗中找到机会，把他抓起并高高举到空中，使他脱离大地母亲而丧失力量来源，并最终将他扼死了。对于中国共产党人来说，人民群众就是大地母亲。中国共产党人要获取前行的力量，必须站在人民群众的立场上，时刻保持同人民群众的血肉联系，虚心向人民群众学习，从人民群众的实践中汲取智慧，这是中国共产党人取得革命、建设和改革事业伟大成就的宝贵经验和优良传统，是我们党的传家宝。

（一）开展调查研究就是走群众路线

党的群众路线，是中国共产党把马克思主义关于人民群众是历史创造者的原理运用在党的全部活动中，形成指导党的一切工作的工作路线，是党的根本工作方法和思想方法。毛泽东曾经说过："共产党的路线，就是人民的路线。"①

党的十三届六中全会通过的《中共中央关于加强党同人民群众联系的决定》，将群众观点概括为六个方面：1.人民群众是历史的创造者；2.向人民群众学习；3.全心全意为人民服务；4.干部的权力是人民赋予的；5.对党负责和对人民负责相一致；6.党要依靠群众又要教育和引导群众前进。中国共产党人创造性地把群众观点运用于党的全部活动中，形成了完整的群众路线，即"一切为了群众，一切依靠群众，从群众中来，到群众中去"。其中，"一切为了群众"是我们党的根本宗旨，是党的全部工作的根本出发点和最终归宿；是我们党的无产阶级先进性的根本表现，我们党同其他一切政党的

---

① 《毛泽东文集》第 2 卷，人民出版社 1993 年版，第 409 页。

根本区别，是我们党能够赢得广大人民群众拥护和支持的根本原因；其基本要求是全心全意为人民服务，扎扎实实地为群众办好事、办实事，解难事、化忧事。"一切依靠群众"是我们党的力量源泉；其基本要求是遇事多同群众商量，虚心向群众学习，汲取群众的智慧和力量，动员、团结和组织广大群众形成做好各项工作的磅礴伟力。"从群众中来，到群众中去"，是我们党实现正确领导的根本方法，是"一切为了群众，一切依靠群众"在党的工作方法和领导方法方面的具体体现。毛泽东在《关于领导方法的若干问题》中曾指出："在我党的一切实际工作中，凡属正确的领导，必须是从群众中来，到群众中去。这就是说，将群众的意见（分散的无系统的意见）集中起来（经过研究，化为集中的系统的意见），又到群众中去作宣传解释，化为群众的意见，使群众坚持下去，见之于行动，并在群众行动中考验这些意见是否正确。然后再从群众中集中起来，再到群众中坚持下去。如此无限循环，一次比一次地更正确、更生动、更丰富。这就是马克思主义的认识论。"[1]他强调："善于把党的政策变为群众的行动，善于使我们的每一个运动，每一个斗争，不但领导干部懂得，而且广大的群众都能懂得，都能掌握，这是一项马克思列宁主义的领导艺术。我们的工作犯不犯错误，其界限也在这里。"[2]

习近平总书记也非常重视党的群众路线，强调调查研究必须坚持党的群众路线。他多次强调，"群众路线是党的生命线和根本工作路线"。他在担任中央党校校长期间，曾在 2011 年秋季学期第二批进修班开学典礼上，专门作了《谈谈调查研究》的重要讲话。他指出，

---

①　《毛泽东选集》第 3 卷，人民出版社 1991 年版，第 899 页。

②　《毛泽东选集》第 4 卷，人民出版社 1991 年版，第 1319—1320 页。

搞好调查研究，一定要从群众中来、到群众中去，广泛听取群众意见。人民群众的社会实践，是获得正确认识的源泉，也是检验和深化我们认识的根本所在。调查研究成果的质量如何，形成的意见正确与否，最终都要由人民群众的实践来检验。党的十八大后，他反复强调："要坚持党的群众路线，从群众中来、到群众中去，深入基层调查研究，亲近群众，联系群众，服务群众，做好新形势下的群众工作。"① 他重申："我们讲宗旨，讲了很多话，但说到底还是为人民服务这句话。"他要求："各级干部也不能眼睛总是向上。任何事情都要向上看看，向下看看。要经常问问自己，我们是不是在忙着与党的根本宗旨毫不相关的事情？有没有一心一意在为老百姓做事情？是不是在围绕党和国家中心任务而工作？" "要一心一意为老百姓做事，心里装着困难群众，多做雪中送炭的工作，常去贫困地区走一走，常到贫困户家里坐一坐，常同困难群众聊一聊，多了解困难群众的期盼，多解决困难群众的问题，满怀热情为困难群众办事。各级干部要把工作重心下移，深入实际，深入基层，深入群众。"②

他在纪念毛泽东同志诞辰120周年座谈会上的讲话中指出："坚持人民主体地位，充分调动人民积极性，始终是我们党立于不败之地的强大根基。在人民面前，我们永远是小学生，必须自觉拜人民为师，向能者求教，向智者问策；必须充分尊重人民所表达的意愿、所创造的经验、所拥有的权利、所发挥的作用。我们要珍惜人民给予的权力，用好人民给予的权力，自觉让人民监督权力，紧紧依靠人民创造历史伟业，使我们党的根基永远坚如磐石。"③ 人民群众

---

① 《习近平关于调查研究论述摘编》，党建读物出版社、中央文献出版社2023年版，第51页。
② 《习近平关于调查研究论述摘编》，党建读物出版社、中央文献出版社2023年版，第52页。
③ 《习近平谈治国理政》，外文出版社2014年版，第27页。

是改革的实践主体、价值主体、评价主体，只有依靠人民群众才能破解我国面临的发展难题。

（二）调查研究不仅要"身入"基层更要"心到"基层

在调查研究的过程中坚持党的群众路线，要求我们不仅"身入"基层，更要"心到"基层。所谓"身入"基层，是要求领导干部亲自下去搞调查研究；所谓"心到"基层，是要求领导干部在调查研究的过程中，要带着对人民群众的深厚感情、对党和国家事业的无限忠诚、对所肩负使命担当自觉认知，能够真正了解工作中存在的问题，掌握百姓生活中的急事难事，满腔热情为人民群众排忧解难。2014年10月，习近平总书记在文艺工作座谈会上的讲话中曾指出："我讲要深入生活，有些同志人是下去了，但只是走马观花、蜻蜓点水，并没有带着心，并没有动真情。要解决好'为了谁、依靠谁、我是谁'这个问题，拆除'心'的围墙，不仅要'身入'，更要'心入'、'情入'。"① 他在2021年秋季学期中央党校（国家行政学院）中青年干部培训班开班式上的讲话中指出："现在，各方面对调查研究是重视的，但还要下更大功夫，关键是把调查研究做深做实，避免浮在表面、流于形式。要眼睛向下、脚步向下，经常扑下身子、沉到一线，近的远的都要去，好的差的都要看，干部群众表扬和批评都要听，真正把情况摸实摸透。现在通信很发达，通过打打电话、发发微信、看看材料也能了解很多情况，但毕竟隔了一层，没有现场看、当面听、直接问和'七嘴八舌式'的讨论来得真实鲜活。过去常用的'蹲点调研'、'解剖麻雀'的调研方式依然是管用的。"习近平总书记特别提醒广大领导

---

① 《习近平著作选读》第一卷，人民出版社2023年版，第293页。

干部："既要'身入'基层，更要'心到'基层，听真话、察真情，真研究问题、研究真问题，不能搞作秀式调研、盆景式调研、蜻蜓点水式调研，'无实事求是之意，有哗众取宠之心'是不行的！"①

　　搞调查研究要"身入"基层和"心到"基层，就是为了能够听到群众的真心话，了解群众的真实诉求。如果群众不愿意或者根本不敢向我们说真心话、反映真实诉求，甚至说假话、反映假情况，不仅对我们工作决策不利，甚至可能导致错误的工作决策。怎么办？毛泽东介绍自己调查研究的经验："怎样使对方说真话？各个人特点不同，因此，要采取的方法也各不相同。但是，主要的一点是要和群众做朋友，而不是去做侦探，使人家讨厌。群众不讲真话，是因为他们不知道你的来意究竟是否于他们有利。"领导干部下去调查研究，如果被群众认为"是去做侦探"，就肯定会引起群众的警惕，甚至反感，从而远离我们；在这种情况下，群众就不可能说真心话，更不可能帮我们了解真实情况。因此，"要在谈话过程中和做朋友的过程中，给他们一些时间摸索你的心，逐渐地让他们能够了解你的真意，把你当做好朋友看，然后才能调查出真情况来。群众不讲真话，不怪群众，只怪自己。"②毛泽东回忆说，在兴国调查时，请了几个农民来谈话。开始时，他们很疑惧，不知我究竟要把他们怎么样。所以，第一天只是谈点家常事，他们脸上没有一点笑容，也不多讲。后来，请他们吃了饭，晚上又给他们宽大温暖的被子睡觉，这样使他们开始了解我的真意，慢慢有点笑容，说得也较多。到后来，我们简直毫无拘束，大家热烈地讨论，无话不谈，亲切得像一家人一样。

　　习近平总书记曾提醒大家，领导干部进行调查研究，要放下架子、

---

①　《习近平谈治国理政》第四卷，外文出版社 2022 年版，第 526—527 页。

②　《毛泽东文集》第 2 卷，人民出版社 1993 年版，第 383 页。

扑下身子，深入田间地头和厂矿车间，同群众一起讨论问题，倾听他们的呼声，体察他们的情绪，感受他们的疾苦，总结他们的经验，吸取他们的智慧。既要听群众的顺耳话，也要听群众的逆耳言；既要让群众反映情况，也要请群众提出意见。尤其对群众最盼、最急、最怨的问题要主动调研，抓住不放。这样才能真正听到实话、察到实情、获得真知、收到实效。当然，各级党委和政府在听取人民群众的意见的时候，要特别注意尊重知识、尊重人才，养成问计于专家学者的习惯，调动专家学者的积极性、主动性、创造性，用好、用活智力资源。对专家学者提出的意见和建议，对的要积极采纳。习近平总书记还要求广大专家学者，"要立足国情、深入调查研究，着力研究重大理论问题和现实问题，注重从客观经济事实出发，揭示经济现象本质及规律，努力多出经得实践检验的研究成果，为经济社会发展献计献策。"[①]

（三）调查研究的结论不仅要"有底气"而且要"接地气"

古语说："天视自我民视，天听自我民听。"调查研究"有底气"，是要求我们站在人民的立场上，坚持把实现好、维护好、发展好最广大人民根本利益作为一切工作的出发点和落脚点，以人民利益为重，以人民期盼为念，真诚倾听群众呼声，真实反映群众愿望，真情关心群众疾苦，从而使得我们各项重大工作和重大决策，都能够得到广大人民群众的支持和拥护。调查研究"接地气"，是要求我们"坚持工作重心下移，深入实际、深入基层、深入群众，做到知民情、解民忧、纾民怨、暖民心，多干让人民满意的好事实事，充分调动人民群众的积极性、主动性、创造性"，[②] 以凝聚其全面建设社会主义现代化国

---

① 《习近平关于调查研究论述摘编》，党建读物出版社、中央文献出版社2023年版，第25页。

② 《习近平著作选读》第一卷，人民出版社2023年版，第273页。

家的伟大力量。习近平总书记指出："对重大改革，要做足调查研究工作，对重要情况、矛盾焦点、群众期盼要心中有数，既搞清楚改革要解决问题，又善于从基层和群众中寻找解决问题的办法，拿出来的方案要有底气、接地气。"[①]

"精准扶贫战略"的提出是调查研究"有底气""接地气"的经典案例。习近平总书记曾说："我提出精准扶贫战略，就是在深入调查研究的基础上提出来的。脱贫是贫困群众的殷切希望，也是老一辈革命家的长期愿望。如果不能做好脱贫工作，我们就对不起贫困地区的老百姓，也对不起老一辈革命家。"[②]中国是个农业大国，农民占人口的大多数。新民主主义革命时期，我们高举"打土豪、分田地"的旗帜，满足广大农民对土地的诉求，从而把农民组织起来，跟着共产党闹革命，推翻三座大山，建立起新中国。改革开放以来，党和政府更加重视贫困问题的解决。1984 年 9 月，中共中央、国务院发布《关于帮助贫困地区尽快改变面貌的通知》，开始探索实施专项扶贫工作。1986 年，国家成立了专门的扶贫机构——国务院贫困地区经济开发领导小组。1994 年 3 月，第一次全国扶贫开发工作会议召开，颁布了《国家八七扶贫攻坚计划》，明确了扶贫工作的目的、对象、措施和期限，决定用七年的时间彻底解决 8000 万农村贫困人口的绝对贫困和基本温饱问题。2001 年，国家制定了《中国农村扶贫开发纲要(2001—2010)》；2011 年，国家制定了《中国农村扶贫开发纲要(2011—2020)》。党的十八大报告提出"为全面建成小康社会而奋斗"的战略目标，强调全面小康是惠及全体人民的小康，是不能落下一个民族、一个家庭、一个人的全面小康。"农村贫困人口脱贫是最突出的短板。

---

① 《习近平关于调查研究论述摘编》，党建读物出版社、中央文献出版社 2023 年版，第 44 页。
② 《习近平谈治国理政》第四卷，外文出版社 2022 年版，第 527 页。

虽然全面小康不是人人同样的小康，但如果现有的 7000 多万农村贫困人口生活水平没有明显提高，全面小康也不能让人信服。"[①] 然而，如何帮助贫困农民真正脱贫？以习近平同志为主要代表的中国共产党人开展广泛深入的调查研究工作，并在十八洞村调研过程中提出"精准扶贫"的重要思想。

十八洞村位于湖南省花垣县武陵山脉腹地，是一个藏在偏僻幽静山谷中的苗族聚居贫困村，当时全村贫困发生率高达 57%。2013 年 11 月 3 日，习近平总书记来到村里调研。村民施成富回忆道，"他希望大家把种什么、养什么、从哪里增收想明白，不要喊大口号，也不要定那些好高骛远的目标。扶贫攻坚就是要实事求是、因地制宜、分类指导、精准扶贫。" 正是在十八洞村的调查研究过程中，习近平总书记提出"精准扶贫"的科学理念，要求对扶贫对象实施精确识别、精确帮扶、精确管理。2014 年，国务院扶贫开发领导小组联合其他六部委共同发布了《建立精准扶贫工作机制实施方案》，明确了精准扶贫的工作目标和主要任务。2015 年 6 月 18 日，习近平总书记在部分省区扶贫攻坚与"十三五"时期经济社会发展座谈会上的讲话中指出："精准扶贫，一定要精准施策。要坚持因人因地施策，因贫困原因施策，因贫困类型施策。俗话说，治病要找病根。扶贫也要找'贫根'。对不同原因、不同类型的贫困，采取不同的脱贫措施，对症下药、精准滴灌、靶向治疗。各地要通过深入调查研究，尽快搞清楚现有贫困人口中，哪些是有劳动能力、可以通过生产扶持和就业帮助实现脱贫的，哪些是居住在'一方水土养不起一方人'的地方、需要通过易地搬迁实现脱贫的，哪些是丧失了劳动能力、需要通过社会保障实施

---

① 《习近平谈治国理政》第二卷，外文出版社 2017 年版，第 79—80 页。

兜底扶贫的,哪些是因病致贫、需要实施医疗救助帮扶的,等等。"[1]
同年10月,习近平总书记在中共十八届五中全会第二次会议上要求,
要下大气力破解制约如期全面建成小康社会的重点难点问题。他特别
指出:全面小康,覆盖的人口要全面,是惠及全体人民的小康。2016
年十八洞村和很多地区一样,完成整体脱贫任务。

在中国,像十八洞村这样的贫困村实现整村脱贫的还有很多。
习近平同志后来回忆说,为了解决整体脱贫问题,他走遍了全国十四
个集中连片特困地区,包括六盘山区、秦巴山区、武陵山区、乌蒙山
区、滇桂黔石漠化区、滇西边境山区、大兴安岭南麓山区、燕山—太
行山区、吕梁山区、大别山区、罗霄山区等地区,而且年年去、常常
去,直接到贫困户看真贫、扶真贫,直接听取贫困地区干部群众意见,
不断完善扶贫思路和扶贫举措,不断推进工作,带着感情去抓,带着
践行宗旨的承诺去抓。正是通过一系列"有底气""接地气"的调查
研究,在打赢脱贫攻坚的斗争中,广大党员领导干部与人民一起凝心
聚力、攻坚克难、精准扶贫、流血掉肉,取得了非凡的成绩。我们成
功走出了一条中国特色扶贫开发道路,使7亿多农村贫困人口成功脱
贫,为全面建设社会主义现代化国家奠定了坚实基础。中国取得的减
贫成就举世瞩目,创造了世界减贫史上的奇迹,为世界减贫事业做出
了巨大贡献。这个成就,足以载入人类社会发展史册,也足以向世界
证明中国共产党领导和中国特色社会主义制度的优越性。

在调查研究工作中,坚持党的群众路线,必须注意网络发展的新
实际,充分运用好互联网提供的新调查研究手段和方式。我们所处的
网络时代呈现出"人人手持麦克风、人人都是新华社"的现象,"网

---

[1] 《习近平关于调查研究论述摘编》,党建读物出版社、中央文献出版社2023年版,第22页。

红""博主"似乎可以左右社会舆论。怎么办？古人说："知屋漏者在宇下，知政失者在草野。"习近平总书记曾经很风趣地说，很多网民称自己为"草根"，那么网络就是一个广阔的"草野"。网民来自老百姓，老百姓上了网，民意也就上了网。因此，我们必须学会通过网络走群众路线，从网上去了解民意，从民意中去了解民心。正如习近平总书记所要求："各级党政机关和领导干部要学会通过网络走群众路线，经常上网看看、潜潜水、聊聊天、发发声，了解群众所思所愿，收集好想法好建议，积极回应网民关切、解疑释惑。善于运用网络了解民意、开展工作，是新形势下领导干部做好工作的基本功。各级干部特别是领导干部一定要不断提高这项本领。"[1] 可见，随着网络技术的发展，调查研究的方法也要与时俱进。

二、必须坚持实事求是

《工作方案》要求："必须坚持实事求是，坚守党性原则，一切从实际出发，理论联系实际，听真话、察实情，坚持真理、修正错误，有一是一、有二是二，既报喜又报忧，不唯书、不唯上、只唯实。"

党的思想路线是我们党的生命线。我们党的思想路线是以马克思主义哲学为理论基础，以把马克思主义基本原理同中国具体国情相结合以探索解决中国社会发展面临的时代课题为核心内容，是由毛泽东等老一代无产阶级革命家在经历中国革命的血与火的洗礼而探索、总结和概括出来的，是由邓小平等无产阶级革命家在解放思想、拨乱反正的过程中重新恢复的，是由习近平同志等无产阶级革命家在领导新时代中国特色社会主义伟大事业的过程中丰富发展的。中国共产党的

---

① 《习近平谈治国理政》第二卷，外文出版社 2017 年版，第 336 页。

百年历史充分证明，思想路线正确与否，决定着党的生死存亡和国家的前途命运。早在战争年代，毛泽东就指出："共产党不靠吓人吃饭，而是靠马克思列宁主义的真理吃饭，靠实事求是吃饭，靠科学吃饭"；理论和实践相统一，是马克思主义的一个最基本的原则，是我们共产党区别于其他政党的显著标志之一。邓小平提出，过去我们搞革命所取得的一切胜利，是靠实事求是；现在我们要实现四个现代化，同样要靠实事求是。习近平总书记站在新时代的高度，面对来自国内外方方面面的严峻挑战，更加重视实事求是问题。他指出，实事求是是"马克思主义的精髓和灵魂"；"实践反复证明，能不能做到实事求是，是党和国家各项工作成败的关键。全党同志一定要把实事求是贯穿到各项工作中去，经常、广泛、深入开展调查研究，努力把真实情况掌握得多一些、把客观规律认识得更深一些，为协调推进'四个全面'战略布局打下扎实的工作基础。"①

在调查研究工作中，坚持实事求是的思想路线，必须确立实践思维，做实践的有心人，真正认识和把握事物发展的规律。尤其是在新时代，从国际维度来说，世界正处在大变革大调整之中，和平与发展仍然是时代的主题，和平、发展、合作、共赢已经成为不可阻挡的时代潮流。然而，世界局势仍然很不安宁，霸权主义和强权政治依然存在，局部冲突和热点问题此起彼伏，全球经济发展失衡加剧，传统安全威胁和非传统安全威胁相互交织，世界和平与发展面临着诸多难题和挑战。从国内维度来说，中国社会发展呈现出的阶段性特征是，经济体制深刻变革，社会结构深刻变动，利益格局深刻调整，思想观念深刻变化，发展机遇前所未有，风险挑战也前所未有；许多复杂的事

---

① 《习近平关于协调推进"四个全面"战略布局论述摘编》，中央文献出版社2015年版，第165页。

物需要认识，许多重大问题需要解决，许多未曾认识的领域需要开拓。党的二十大提出，"准备经受风高浪急甚至惊涛骇浪的重大考验"。因此，我们在调查研究的过程中，一定要树立实践思维，做实践的有心人，坚持一切从实际出发。习近平总书记强调："坚持一切从实际出发，是我们想问题、作决策、办事情的出发点和落脚点。坚持从实际出发，前提是深入实际、了解实际，只有这样才能做到实事求是。要了解实际，就要掌握调查研究这个基本功。要眼睛向下、脚步向下，经常扑下身子、沉到一线，近的远的都要去，好的差的都要看，干部群众表扬和批评都要听，真正把情况摸实摸透。既要'身入'基层，更要'心到'基层，听真话、察真情，真研究问题、研究真问题，不能搞作秀式调研、盆景式调研、蜻蜓点水式调研。要在深入分析思考上下功夫，去粗取精、去伪存真，由此及彼、由表及里，找到事物的本质的规律，找到解决问题的办法。"① 这就要求我们要做到真正深入基层，及时发现新情况，研究新问题，积极探索事物的发展规律，探索解决问题的新思路；在调查研究的过程中，不断总结新经验，概括新观念，创造新理论，使中国特色社会主义伟大事业不断在实践中汲取营养，焕发出强大的生命力、创造力和感召力。

在调查研究工作中，坚持实事求是的思想路线，必须坚持解放思想，抛弃头脑中僵化、过时、陈旧的思想观念，真正做到主观和客观相符合。习近平总书记在党的二十届二中全会第二次全体会议上的讲话中强调："新任的领导干部尤其要深入实际、深入基层、深入群众，尽快熟悉情况，持续加强学习，提高履职本领，扎扎实实做好分管领

---

① 《习近平在中央党校（国家行政学院）中青年干部培训班开班式上发表重要讲话强调 信念坚定对党忠诚实事求是是担当作为 努力成为可堪大用能担重任的栋梁之才》，《人民日报》2021年9月2日。

域工作，防止以老经验应对新事物，以过去的思维定势看待新形势，以老思路老办法解决新问题。"① 我们必须认识到，人的大脑不是一块白板，人们在调查研究的过程中，总是自觉不自觉地以已有的概念、经验或知识为基础，以自己在长期生活经历中所形成的思维方式为范式来进行思考和工作。那么，这些概念、经验或知识、特别是思维方式，既有可能成为获得新知识的起点或工具，又有可能成为人们获得新知识的束缚或障碍。因此，我们在调查研究中，要力图获得新资料、形成新发现、进行新创造，首先必须解放思想，摆脱各种精神枷锁的束缚，学会独立思考，用批判的理性的态度重新审视已有的一切，实现自我超越。在当前，以中国式现代化推动实现中华民族伟大复兴，是一项光荣而艰巨的事业，需要一代又一代中国共产党人带领各族人民共同为之努力。我们必须牢记二十大报告提出的"空谈误国、实干兴邦，坚定信心、同心同德，埋头苦干、奋勇前进"的要求，要承前启后、继往开来，把我们的党建设好，团结全体中华儿女把我们国家建设好，把我们民族发展好，继续朝着中华民族伟大复兴的目标奋勇前进。

当然，在调查研究工作中，有的时候坚持说真话、干真事，可能会遇到困难，个人甚至会付出代价。因此，一方面，我们必须从制度安排和舆论导向上，积极鼓励和支持大家敢于说真话、能够干真事；正如邓小平在南方谈话中所说的，在改革开放的伟大实践中，"胆子要大一些，敢于试验，不能像小脚女人一样。看准了的，就大胆地试，大胆地闯。深圳的重要经验就是敢闯。没有一点闯的精神，没有一点'冒'的精神，没有一股气呀、劲呀，就走不出一条好路，走不出一

---

① 《习近平关于调查研究论述摘编》，党建读物出版社、中央文献出版社2023年版，第118页。

条新路，就干不出新的事业。"① 另一方面，要解决党员干部的党性问题。习近平总书记说："坚持从实际出发、实事求是，不只是思想方法问题，也是党性强不强问题。从当前干部队伍实际看，坚持实事求是最需要解决的是党性问题。干部是不是实事求是可以从很多方面来看，最根本的要看是不是讲真话、讲实话，是不是干实事、求实效。年轻干部要坚持以党性立身做事，把说老实话、办老实事、做老实人作为党性修养和锻炼的重要内容，敢于坚持真理，善于独立思考，坚持求真务实。"② 俗话说，做人一世，为官一任，治理一方。在全面建设社会主义现代化国家的新征程上，广大党员干部无论身处什么地位，干什么工作，都要有不畏风险的开拓精神，不惧挫折的创新精神，不怕困苦的担当精神，有敢于超越前人、超越自己的勇气，有不怕失败、百折不挠的顽强意志，有坚毅不拔、埋头苦干的干劲，从而推动各项工作的快速发展。正如党的二十大报告要求的："紧跟时代步伐，顺应实践发展，以满腔热忱对待一切新生事物，不断拓展认识的广度和深度，敢于说前人没有说过的新话，敢于干前人没有干过的事情，以新的理论指导新的实践。"③

三、必须坚持问题导向

《工作方案》提出：必须坚持问题导向，增强问题意识，敢于正视问题、善于发现问题，以解决问题为根本目的，真正把情况摸清、把问题找准、把对策提实，不断提出真正解决问题的新思路新办法。

---

① 《邓小平文选》第 3 卷，人民出版社 1993 年版，第 372 页。

② 《习近平在中央党校（国家行政学院）中青年干部培训班开班式上发表重要讲话强调 信念坚定对党忠诚实事求是担当作为 努力成为可堪大用能担重任的栋梁之才》，《人民日报》2021 年 9 月 2 日。

③ 《习近平著作选读》第一卷，人民出版社 2022 年版，第 17 页。

习近平总书记历来重视问题意识。他指出："要有强烈的问题意识，以重大问题为导向，抓住关键问题进一步研究思考，着力推动解决我国发展面临的一系列突出矛盾和问题。我们中国共产党人干革命、搞建设、抓改革，从来都是为了解决中国的现实问题。"[①] 什么是问题？所谓问题是我们在实践过程中遇到的需要解决的矛盾或搞清楚的疑难；如果不能采取恰当的方式解决这些矛盾或搞清楚这些疑难，就会阻碍我们工作的开展，影响我们事业的顺利进行。所谓问题导向是指我们在工作中对需要解决的矛盾或搞清楚的疑难能够敏锐地感知，具有自觉主动地发现问题、分析问题、解决问题的思维方式，是在头脑中形成的对工作结果预期目标的追求。毛泽东曾经说："什么叫问题？问题就是事物的矛盾。哪里有没有解决的矛盾，哪里就有问题。"习近平总书记强调："每个时代总有属于它自己的问题，只要科学地认识、准确地把握、正确地解决这些问题，就能够把我们的社会不断推向前进。"应该肯定，中国共产党人干革命、搞建设、抓改革，从来都是为了解决中国社会发展过程中出现的现实问题，实现中国共产党人的伟大目标。坚持问题导向，是我们党重要的思想方法和工作方法，也是我们党能够在理论和实践相结合中不断解决前进道路上面临的重大时代课题而不断从胜利走向胜利的根本原因。与时代同步伐，与人民共命运，关注和回答时代和实践提出的重大课题，是马克思主义永葆生机活力的奥妙所在。

在调查研究中坚持问题导向，必须要敢于正视问题，善于发现问题，科学确立自己的工作目标。习近平总书记在十八届中央政治局第二十次集体学习时的讲话中指出："问题是事物矛盾的表现形式，我

---

① 《习近平著作选读》第一卷，人民出版社 2023 年版，第 161 页。

们强调增强问题意识、坚持问题导向，就是承认矛盾的普遍性、客观性，就是要善于把认识和化解矛盾作为打开工作局面的突破口。当前，我国已经进入发展关键期、改革攻坚期、矛盾凸显期，我们面临的矛盾更加复杂，既有过去长期积累而成的矛盾，也有在解决旧矛盾过程中新产生的矛盾，大量的还是随着形势环境变化新出现的矛盾。这些矛盾许多是这个发展阶段必然出现的，是躲不开也绕不过去的。"党的二十大报告肯定了新时代中国特色社会主义建设所取得的伟大成就，同时提出："必须坚持问题导向。"强调"问题是时代的声音，回答并指导解决问题是理论的根本任务。今天我们所面临问题的复杂程度、解决问题的艰巨程度明显加大，给理论创新提出了全新要求。我们要增强问题意识，聚焦实践遇到的新问题、改革发展稳定存在的深层次问题、人民群众急难愁盼问题、国际变局中的重大问题、党的建设面临的突出问题，不断提出真正解决问题的新理念新思路新办法。"[①]因此，我们必须遵照习近平总书记的相关重要论述，在调查研究工作中坚持问题导向和目标导向，科学认识、准确把握在全面建设社会主义现代化国家中所可能遇到的重大问题，确保中国特色社会主义的航船能够行稳致远。

在调查研究中坚持问题导向，就是要敢于发现真问题、解决真问题，而不是被假问题所迷惑或困扰。什么是真问题？什么是假问题？所谓真问题，是人们在实践过程当中通过对事物发展规律正确认识的基础上所概括出来的真实问题。所谓假问题，是由于理论的错误、经验的缺乏或其他原因而产生的虚假问题。假问题往往不能够正确反映事物发展的本质，结果是越想解决问题反而会把问题搞得更加复杂。

---

① 《习近平著作选读》第一卷，人民出版社 2023 年版，第 17 页。

最典型的案例是习仲勋、邓小平通过调查研究深入了解情况，很好地处理了当年深圳发生的"逃港潮"问题。

深圳前身为广州市宝安县，因为临近香港的原因，从上个世纪40 年代末开始，便出现了规模性逃亡香港的潮流。新中国成立后，逃亡香港的潮流依然没有停止。甚至在 1979 年再次发生史称"五月大逃亡"的"逃港潮"。然而，人们对于"逃港"事件性质的认识却产生了严重的分歧。有的领导干部认为，"逃港"就是叛逃，是现行反革命，甚至派出部队荷枪实弹去阻拦；结果越阻拦"逃港"的人越多，在当时成为一个影响极坏的恶性事件。如何防止"逃港"、减少偷渡，成为当时广东省委必须要解决的重大问题，必须要完成的重要政治任务。时任中共广东省委第一书记的习仲勋曾数次在边界一线进行深入细致的调查研究，得出"逃港"事件是人民内部矛盾而不是敌我矛盾的重要结论。堵不如疏，我们应该探讨通过发展经济、改善民生来巩固边防。当广东省领导向邓小平汇报相关情况时，邓小平说："此事不是部队能够管得了的"，"这是我们的政策有问题。"是的，"逃港"是表面现象，"逃港"的真实原因是"我们的政策有问题"。把"逃港"问题简单地看作是叛逃、是反革命，这是假问题；而"逃港潮"的背景是"我们的政策"没有满足老百姓基本的生活需要，更别说让老百姓过上好日子了。这是真问题。1979 年 4 月，在中央经济工作会议上，习仲勋代表广东省委向党中央提出建议，以邻近香港、澳门的深圳、珠海以及汕头兴办出口加工区。邓小平表示赞同，并说："还是叫特区好，陕甘宁开始就叫特区嘛！"① 实践证明，基于深入细致的调查研究而建立"经济特区"的构想是正确的。更重要的是，深圳人再也

---

① 《邓小平年谱（一九七五——一九九七）》（上），中央文献出版社 2004 年版，第 510 页。

不"逃港"了。相反，大批"逃港"的人又回到深圳，在深圳安家立业；甚至大批香港人也到深圳买房安家，享受深圳发展成果给老百姓带来的实惠。当然，怎么正确地抓住真问题，就要像恩格斯所说的那样，通过细致的调查研究，从老百姓的动机中去探寻"动力的动力"，即探寻老百姓动机背后更深刻的原因。所以说，能不能抓住社会发展过程中的真问题，是决定我们能否真正解决问题的关键所在。

新时代的调查研究要重点关注哪些问题？《工作方案》也明确给我们列出来了十二个问题：

1. 贯彻落实党中央决策部署和习近平总书记对本地区本部门本领域工作重要指示批示精神的主要情况和重点问题。

2. 贯彻新发展理念、构建新发展格局、推动高质量发展中的重大问题，推进高水平科技自立自强，扩大国内需求、深化供给侧结构性改革、建设现代化产业体系、落实"两个毫不动摇"、吸引和利用外资，全面推进乡村振兴中的主要情况和重点问题。

3. 统筹发展和安全，确保粮食、能源、产业链供应链、生产、食品药品、公共卫生等安全，防范化解重大经济金融风险中的主要情况和重点问题。

4. 全面深化改革开放中的重大问题，重要领域和关键环节改革、推进高水平对外开放中的主要情况和重点问题。

5. 全面依法治国中的重大问题，完善中国特色社会主义法律体系、推进依法行政、严格公正司法、建设法治社会等主要情况和重点问题。

6. 意识形态领域面临的挑战，推进文化自信自强、建设社会主义文化强国和新闻舆论引导、网络综合治理中的主要情况和重点问题。

7. 推进共同富裕、增进民生福祉中的重大问题，巩固拓展脱贫攻坚成果、缩小城乡区域发展差距和收入分配差距的主要情况和重点问题。

8.人民最关心最直接最现实的利益问题,特别是就业、教育、医疗、托育、养老、住房等群众急难愁盼的具体问题。

9.牢固树立和践行绿水青山就是金山银山理念方面的差距和不足,推进美丽中国建设、保护生态环境和维护生态安全中的主要情况和重点问题。

10.维护社会稳定中的重大问题,防灾减灾救灾和重大突发公共事件处置保障短板,处理新形势下人民内部矛盾和强化社会治安整体防控的主要情况和重点问题。

11.全面从严治党中的重大问题,落实党的领导弱化虚化淡化、党组织政治功能和组织功能不够强,干事创业精气神不足、不担当不作为,应对"黑天鹅""灰犀牛"事件和防范化解风险能力不强,形式主义、官僚主义,特权思想和特权行为等重点问题。

12.本地区本部门本单位长期未解决的老大难问题。

应该讲,这十二个问题既有中国共产党人在全面建设社会主义现代化国家的过程中遇到的带有根本性、全局性、战略性的问题,也有我们日常工作经常遇到的老大难问题。我们必须通过深入细致的调查研究,找到解决问题的新思路、新方法,为完成党的二十大提出的"以中国式现代化推进中华民族伟大复兴"的历史任务提供重要保障。

四、必须坚持攻坚克难

《工作方案》提出:"必须坚持攻坚克难,发扬斗争精神,增强斗争本领,勇于涉险滩、破难题,知难而进、迎难而上,把调查研究成果转化为推进工作、战胜困难的实际成效。"中国共产党是在斗争中成长起来的政党。中国共产党在长期的斗争过程中,坚持发扬自觉斗争精神，不断增强斗争本领，依靠斗争走向未来。党的二十大报告指出："全面建设社会主义现代化国家，是一项伟大而艰巨的事业，前途光明，任重道远。"① 这就要求我们在调查研究的过程中，必须坚持攻坚克难的斗争精神。

斗争，是人们的一种生活观念、生活态度和文化精神，是人们对整个世界的理解及处理矛盾的一种策略与对策。关于斗争概念，可以从战略学、社会学、政治学、心理学等多个学科维度进行定义和理解。从哲学学科的维度来说，斗争是矛盾的一种属性，指矛盾的斗争性。马克思曾说："因为辩证法在对现存事物的肯定的理解中同时包含对现存事物的否定的理解，即对现存事物的必然灭亡的理解；辩证法对每一种既成的形式都是从不断的运动中，因而也是从它的暂时性方面去理解；辩证法不崇拜任何东西，按其本质来说，它是批判的和革命的。"② 敢于发扬斗争精神，坚持不懈与各种错误思想和反动势力进行斗争，是马克思主义的重要精神标识，也是中国共产党百年奋斗取得的基本经验。毛泽东在领导中国革命的过程中，不仅构建起完整的斗争理论，而且更加强调全党要保持高昂的斗争精神。他说："什么叫工作，工作就是斗争。那些地方有困难、有问题，需要我们去解决。我们是为着解决困难去工作、去斗争的。越是困难的地方越是要去，这才是好同志。"③ 党的十八大以来，习近平总书记在很多场合强调坚持发扬斗争精神，提高斗争本领，指出"敢于斗争、敢于胜利，是中国共产党不可战胜的强大精神力量"，④ 要"依靠顽强斗争打开事

---

① 《习近平著作选读》第一卷，人民出版社 2023 年版，第 21 页。

② 《马克思恩格斯选集》第 2 卷，人民出版社 2012 年版，第 94 页。

③ 《毛泽东选集》第 4 卷，人民出版社 1991 年版，第 1161 页。

④ 习近平：《在庆祝中国共产党成立 100 周年大会上的讲话》，人民出版社 2021 年版，第 17 页。

业发展新天地"①。由此可见，坚持发扬斗争精神，作为中国共产党的红色基因，深深扎根于当代中国共产党人执政理念之中，成为当代中国共产党人攻坚克难、砥砺前行的精神动力，也成为广大领导干部在新时代搞好调查研究的精神动力。

在调查研究中发扬攻坚克难的斗争精神，必须充分调动每一位领导干部的积极性和主动性。我们必须清醒地认识到，每一位领导干部都是党和国家某个方面的方针政策的制定者、执行者和落实者。如果我们每一位党政干部都保持着旺盛的斗争精神，能够深入实际进行充分的调查研究，敢于研究新情况，勇于解决新问题，积极履行职责，开展创造性的工作，党和国家的事业必然会兴旺发达，人民群众的获得感、幸福感、安全感必然更加充实、更加有保障、更加可持续；反之，如果我们的领导干部在工作中，丧失斗争精神，脱离火热的社会生活，消极懈怠、无所事事，必然会带来各种恶劣的后果。如高高在上、搞官僚主义，使自己的言行严重脱离人民群众；做表面文章、搞形式主义，导致上级的好决策不能真正贯彻下去；拍脑袋做决策、搞主观主义，导致所做决策与社会发展现实相背离；自以为是，搞命令主义，导致上级意图不能很好地被人民群众所理解，甚至招致人民群众的激烈反对；等等，所有这些行为必然严重威胁党和国家事业的顺利发展，严重损害党和政府部门的公信力和执行力，严重干扰各项工作的全面开展，严重影响广大人民群众安宁生活。所以，各级领导干部必须深刻地认识到，社会是在矛盾运动中前进的，有矛盾就会有斗争；在实现以中国式现代化推进中华民族伟大复兴的新征程上，必须做好准备经受风高浪急甚至惊涛骇浪重大考验的心理准备，无论在哪

① 《习近平著作选读》第一卷，人民出版社2023年版，第23页。

个工作岗位、担任什么样的职务，都要勇于担当、敢于攻坚克难，既当指挥员又当战斗员；在伟大的社会实践生活中，培养顽强的斗争精神、坚韧的斗争意志、高超的斗争本领和灵活的斗争艺术。全党同志特别是各级领导干部，都要有斗争本领不够的危机感，努力提高斗争本领，克服斗争本领不足、斗争本领恐慌、斗争艺术落后的问题，做到守土有责、守土尽责，召之即来、来之能战、战之必胜。

在调查研究中发扬攻坚克难的斗争精神，必须坚持正确的斗争方向。共产党人的斗争是有方向、有立场、有原则的，大方向就是坚持中国共产党领导和中国特色社会主义不动摇。实践证明，中国共产党是中国人民谋求民族独立、人民解放和国家富强、人民幸福的斗争的主心骨，是中国特色社会主义事业的领导核心；中国特色社会主义是科学社会主义理论逻辑和中国社会发展历史逻辑的辩证统一，是根植于中国大地、反映中国人民意愿、适应中国和时代发展进步要求的科学社会主义，是全面建成小康社会、加快推进社会主义现代化、实现中华民族伟大复兴的必由之路。因此，凡是危害中国共产党领导和我国社会主义制度的各种风险挑战，凡是危害我国主权、安全、发展利益的各种风险挑战，凡是危害我国核心利益和重大原则的各种风险挑战，凡是危害我国人民根本利益的各种风险挑战，凡是危害我国实现"两个一百年"奋斗目标、实现中华民族伟大复兴的各种风险挑战，只要来了，我们就必须进行坚决斗争，而且必须取得斗争胜利。我们的头脑要特别清醒、立场要特别坚定，牢牢把握正确斗争方向，做到在各种重大斗争考验面前"不畏浮云遮望眼""乱云飞渡仍从容"。

在调查研究中发扬攻坚克难的斗争精神，必须讲究斗争艺术。斗争是一门综合性高水平的艺术，不仅要敢于斗争，而且要善于斗争，讲究斗争艺术。只有运用恰当的斗争方法，讲究斗争艺术，才能将敢于斗争和善于斗争有机结合起来，才能完成新时代党和人民交给我们的各项任务。中国共产党人在领导革命、建设和改革过程中，积累了丰富斗争经验，形成了大量的斗争艺术，如要注重策略方法、讲求斗争艺术，要抓主要矛盾、抓矛盾的主要方面的方法，坚持有理有利有节、合理选择斗争方式和把握斗争火候的方法，在原则问题上寸步不让、在策略问题上灵活机动的方法，团结一切可以团结的力量、调动一切积极因素、在斗争中争取团结、在斗争中谋求合作、在斗争中争取共赢的方法等等，都为我们在新时代搞好调查研究提供了善于斗争的方法论。习近平总书记在 2019 年秋季学期中央党校（国家行政学院）中青年干部培训班开班式上的讲话中指出："斗争精神、斗争本领，不是与生俱来的。领导干部要经受严格的思想淬炼、政治历练、实践锻炼，在复杂严峻的斗争中经风雨、见世面、壮筋骨，真正锻造成为烈火真金。"[1] 领导干部要主动投身到各种斗争中去，坚持在重大斗争中磨砺自己，在大是大非面前敢于亮剑，在矛盾冲突面前敢于迎难而上，在危机困难面前敢于挺身而出，在歪风邪气面前敢于坚决斗争。

五、必须坚持系统观念

《工作方案》指出，必须坚持系统观念，深入实际、深入基层、深入群众调查了解情况，把握好全局和局部、当前和长远、宏观和微观、主要矛盾和次要矛盾、特殊和一般的关系，前瞻性思考、全局性谋划、整体性推进党和国家各项事业。系统是马克思主义哲学的重要范畴。所谓系统，是指由相互联系，相互作用的若干要素按一定方式

---

[1] 《习近平著作选读》第二卷，人民出版社 2023 年版，第 259 页。

组成，并同周围环境相互联系、相互作用的统一整体。系统的基本特征为整体性、结构性、层次性和开放性。

系统的整体性说明世界上的万事万物都是以一个整体的面貌呈现在大家的面前。含有两个层面的含义：其一，系统的整体性只能存在于各个组成要素的相互联系、相互作用之中，系统整体性的性质和功能不等于其各个组成要素的性质和功能的简单相加。在中国传统文化中，如"三个臭皮匠，赛过诸葛亮""一个和尚挑水喝，两个和尚抬水喝，三个和尚没水喝"等等，表达的都是整体性的思想。其二，处于系统中的某个要素，其性能受到该系统整体影响和制约；换句话说，系统的性质、功能和运动规律，只有从整体的存在和发展过程中才能显示出来。黑格尔说："割下来的手就失去了它的独立存在，就不像原来长在身体上时那样，它的灵活性、运动、形状、颜色等等都改变了，而且它就腐烂起来了，丧失它的整个存在了。只有作为有机体的一部分，手才获得它的地位"① 毫无疑问，长在人的身体上的手是受大脑支配、靠骨骼血液运行的劳动器官，而被砍下来的手已经丧失其性质和功能，甚至只是一块腐肉。系统的整体性要求我们在调查研究的过程中必须确立全局性的思想方法和工作方法。俗话说，"不谋全局者不足以谋一域，不谋万世者不足以谋一时"。确立全局性思维方法和工作方法，要求我们在调查研究的过程中必须着眼于事物的整体，把整体的功能和效益作为认识问题和分析问题的出发点和归宿点。我们平时在工作中，常常会遇到一种情况：有些事情从局部看可能是有道理的，是可行的；但是，从全局看却未必如此。因为站在不同的角度，会看到不同的场景。盲人摸象的荒唐之处在于，各自摸到

---

① 黑格尔：《美学》第1卷，商务印书馆1996年版，第156页。

大象的一个部分，就高呼着"大象像柱子""大象像扇子""大象像一堵墙"，把各自摸到的部分当作就是大象的整体。我们决不能做摸大象的盲人。因此，我们在调查研究的时候，要立足整体、总揽全局、把握大势、着眼大事，努力寻求实现整体功能和效益的最佳方案。当然，在强调全局性思维方法和工作方法的同时，还要注意研究局部的情况。注意摆正全局与局部的关系，处理好个体与组织、眼前与未来、集体与国家的关系，不断提升大局观念和整体观念；在事关全局整体利益的重大问题上，必须旗帜鲜明地维护整体利益，个体服从集体、地方服从中央、局部服从全局，保持全国一盘棋，我们才能无往而不胜。

系统的结构性揭示的是系统中诸要素之间的关系。结构是系统中诸要素间按一定的比例、秩序、形式、序列而形成的相互联系、相互作用的方式。系统的性质和功能不但取决于其构成要素的性质和功能，而且取决于要素之间的结构。系统的结构变化了，它的性质和功能也会随之发生相应的变化。如石墨和金刚石都由碳原子组成，但由于碳原子结构方式不同，其性质便发生了根本的区别。所以说，系统的结构决定着系统的功能，结构的变化决定了功能的变化。系统的结构性要求我们在调查研究的过程中必须确立结构性思维方法和工作方法。既然结构决定功能，合理的结构能促进系统功能的优化，不合理的结构造成系统功能的内耗；那么，我们必须下大力气通过调查来获得对事物结构合理化的信息和材料，经过研究来获得实现结构合理化的方法和思路，以便最大限度地实现系统功能的优化。

系统的层次性揭示的是系统不同层次之间的关系。所谓层次，就是系统中整体与部分在各自依次隶属的关系中所形成的等级。换句话说，整个世界是由各种类型的系统和不同等级的系统所构成的系统世界，但系统和子系统的划分具有相对性。如某一系统本身是构成上一层次系统的子系统，又是构成下一层次子系统的母系统，而母系统的上面还有更高层次的母系统。系统和子系统在这种依次隶属的关系中形成的等级，就是层次。系统的层次性，揭示了自然界和人类社会由简单向复杂、由低级向高级、由无序向有序的自然发展过程。系统的层次性要求我们在调查研究的过程中必须确立层次性思维方法和工作方法。因为，我们搞调查研究的目的是为了把握事物的本质和发展规律。习近平总书记指出："任何政策都建立在对事物差异性的分析和把握之上，没有差异性就没有政策。我国社会差异性特征明显，反映在地域、城乡、民族、人群等多个层面。我们的决策部署有综合性的，也有专项性的。综合性决策部署要考虑方方面面差异性，专项性决策部署要找准在全局中的合理定位，这些都需要充分熟悉情况、深入分析论证、科学把握尺度。要坚持科学决策、民主决策、依法决策，对情况进行深入分析，对前人和他人的经验教训进行学习借鉴，集思广益、反复论证，在把握客观规律的基础上确定工作目标、提出工作举措、作出工作部署。"[1] 所以，高明的领导干部一定要通过深入细致的调查研究，把握自己所在地区部门单位的特殊情况和问题，找到分析特殊、解决特殊问题的新思路和新方法。

系统的开放性，揭示的是系统与周围环境的关系。系统总是存在于特定环境之中，并以其特定方式与特定环境相联系的。所谓环境，就是指系统整体存在和发展的全部外界条件的总和。系统与环境处于相互作用、相互影响的过程之中，而这个过程是通过相互交换物质、能量、信息等来实现的。系统正是凭借这种物质、能量、信息的交换和传递，才得以维持和更新自身的结构，不断实现自身的发展，并在

新时代怎样做好调查研究

更高的程度完善自身的有序性。一旦系统的开放性受到破坏，与外界的物质、能量、信息交换受到阻碍，系统的存在和发展就会受到干扰，导致系统的功能混乱无序，甚至导致系统自身的解体。系统与环境进行物质、能量、信息交换的属性称为开放性。系统的开放性要求我们在调查研究过程中必须确立开放性思维方法和工作方法。我们必须充分认识到，开放是系统存在和发展的必要条件，封闭的系统在现实中是不可能存在和发展的。正如邓小平曾说的："中国长期处于停滞和落后状态的一个重要原因是闭关自守。经验证明，关起门来搞建设是不能成功的，中国的发展离不开世界。"① 改革开放 40 多年来，中国特色社会主义伟大事业取得了举世瞩目的伟大成绩，充分证明了邓小平的英明论断。然而，一个更要值得注意的问题是，开放是系统存在和发展的必要条件，而不是充分必要条件。什么意思呢？所谓必要条件，就是说如果不开放，系统就不可能存在和有序发展；那么，这是不是意味着开放了，系统就一定会存在和有序发展呢？未必！因为还有一个系统怎么开放的问题。就是说，系统既要开放，还要知道怎么开放，才能保证系统的存在和有序发展。这就是充分必要条件。所以，在全面建设社会主义现代化国家的新征程上，我们必须借着大兴调查研究的机会，静下心来调查研究一下我们在开放过程中所取得的伟大成就，认真总结我们在开放方面取得的成功经验，分析我们当前所面临的新情况新问题，推进我们改革开放事业顺利发展。

总之，《工作方案》提出的"五个必须坚持"，有着坚实的哲学理论底蕴和严谨的逻辑系统：必须坚持党的群众路线，解决调查研究的依靠力量和智慧来源问题；必须坚持实事求是，解决调查研究的

---

① 《邓小平文选》第 3 卷，人民出版社 1993 年版，第 78 页。

60

出发点和检验标准问题；必须坚持问题导向，解决调查研究的目的性和价值性追求问题；必须坚持攻坚克难，解决广大党员干部在调查研究过程中的精神状态问题；必须坚持系统观念，解决广大党员干部在调查研究过程中的工作方法和思想方法问题。可以说，"五个必须坚持"不仅为在全党大兴调查研究奠定了坚实的理论基础和可靠的实践抓手，而且是对党的调查研究理论的极大创新和深化。

第三章

调查研究的重要内容

《工作方案》指出："在全党大兴调查研究，要紧紧围绕全面贯彻落实党的二十大精神、推动高质量发展，直奔问题去，实行问题大梳理、难题大排查，着力打通贯彻执行中的堵点淤点难点。各级党委（党组）要立足职能职责，围绕做好事关全局的战略性调研、破解复杂难题的对策性调研、新时代新情况的前瞻性调研、重大工作项目的跟踪性调研、典型案例的解剖式调研、推动落实的督查式调研，突出重点、直击要害，结合实际确定调研内容。"这里明确提出调查研究六个方面的内容，我们可依照这六个方面的内容有针对性地开展调研，运用党的创新理论研究新情况、解决新问题、总结新经验、探索新规律，真正把情况摸清、把问题找准、把对策提实，提出解决问题的新思路新办法，为党和政府提供科学决策依据，为提高党的执政能力和领导水平、完成新时代新征程的使命任务提供高质量服务。

一、做好事关全局的战略性调研

"不谋万世者，不足谋一时；不谋全局者，不足谋一域。"战略是决定全局的策略。战略问题一般是指对国家或区域的发展具有重大影响的内部或外部的问题。战略性调研是指着眼全局发展，对事关全局的战略问题进行全局性的调查研究，并制定出科学战略方案的活动。

做好战略性调研必须确立战略思维。战略思维是指高瞻远瞩、总揽全局、善于把握事物发展总体趋势和前进方向，对带有全局性、长远性、整体性、本质性的重大问题，能够进行分析、综合、判断、预见和决策的思维方法。坚持战略思维，必须紧跟时代前进步伐、紧扣时代脉搏，因势而谋、应势而动、顺势而为，善于站在战略高度谋划全局、研判形势、掌控未来。全局性思维要求我们从全局角度看问题，既见树木，更见森林；长远性思维要求我们从发展趋势上看问题，深谋远虑，立足当前，放眼未来；整体性思维要求我们从整体视角看问题，统筹兼顾，既注重单元要素，又重视结构系统，强调要素、结构、系统间的协调；本质性思维要求我们从本质上看问题，明察秋毫，把握主流，探索规律，指引方向。新时代新征程，以习近平同志为核心的党中央统筹把握中华民族伟大复兴战略全局和世界百年未有之大变局，统筹推进"五位一体"总体布局、协调推进"四个全面"战略布局，对关系新时代党和国家事业发展的一系列重大理论和实践问题进行了深邃思考和科学判断。党的二十大对实现第二个百年奋斗目标作出分两个阶段推进的战略安排。这一重大战略部署，明确的时间表、清晰的发展路径，绘就了我们向着第二个百年奋斗目标进军的宏伟蓝图。所以，我们必须确立战略思维，从战略高度认识到开展战略性调研是推动中国式现代化，实现中华民族伟大复兴的内在要求。

做好战略性调研必须注重战略谋划。做好战略性调研必须以科学的世界观和方法论为指导，遵循基本原则，讲究基本方法，注重统筹兼顾，把握基本要求，总揽全局、突出重点、解决瓶颈、抢抓机遇。做好战略性调研需要从战略分析、战略规划、战略执行、战略评估四个方面入手。战略分析就是运用系统思考和特定的分析工具，对影响组织的外部系统进行调研，确定其在这个特定外部系统背景下的优势与不足，了解外部的机会和威胁，从而为制定战略规划奠定坚实的基础。战略规划是将战略意图转变为战略决策的过程，主要任务是在环境调研分析的基础上形成战略。战略性调研的规划包括：确认重要的环境变化及趋势的议题；提出问题，确认目标和任务；明确组织定位及组织发展方向、组织的对象及其需求、组织服务的领域等；决定组织在一定时期内强调的主要价值；选择组织应当进入的领域，并设定明确的策略方向；确定组织应当采取的战略类型；设定执行所选择战略的行动方案。战略执行是将战略规划转化为实际行动的过程，包括确定实际目标与实施的具体指标，进行功能战略的选择，进行有效的资源配置，根据战略规划的要求建立有效的组织结构，使组织结构与战略相匹配；建立有效的沟通与协调机制；促进改革，克服变革的阻力；通过政府及社会营销，促进战略实施等过程。战略评估是对战略实施进行监控，并对战略实施的绩效进行系统评估的过程。战略评估包括：检查战略基础——了解构成现行战略的机会与威胁、优势与弱点等是否发生了变化，发生了什么变化，以及发生这些变化的原因，从而为战略调整奠定基础；衡量战略绩效——将战略规划中的目标与实际结果进行比较；战略的修正与调整——对已有战略进行重新决策的过程，即通过战略基础检查和战略绩效评估，决定是否继续实施战略、调整战略、重组战略或是终止战略。

中国太空技术的快速发展可以说是运用战略性调研的成功案例。一个民族的飞行器飞得有多高，这个民族就能站得有多高。飞行器作为密集型技术的集合体，是国家经济实力、科学技术、人才水平、国防安全、人民素质、领导者的执政能力和政治追求等综合实力的集中展示。中国太空技术的飞速发展并取得的巨大成功，正是中国共产党和中国政府通过战略性调研，运用战略思维方法和工作方法的真实写照。

新中国刚刚成立的时候，饱经多年战争创伤的大地上，百业凋敝，满目疮痍，列强环伺，危机四起。年轻的执政党面对这样一个烂摊子，以大无畏的革命精神，以"进京赶考"的政治勇气，在实践中探索，在探索中前进，很快医治好战争创伤，迅速恢复社会秩序，有条不紊地展开了大规模的社会主义改造和建设过程。1957年10月4日，苏联在拜科努尔航天中心发射升空"斯普特尼克一号"，这是人类第一颗人造卫星。随后，美国、法国、日本相继发射人造卫星。太空领域争夺战的帷幕已经拉开，加紧太空技术的开发和研究的课题已经摆在各个政府的面前。中国该怎么办？刚刚建立的新中国面临的现状是，整个经济、文化、社会建设还比较落后，百姓温饱尚没有得到根本性解决，各个领域的科学技术都极端落后，航天技术几乎是空白。面对这种情况，中国要不要搞人造卫星，要不要发展航天事业，一直在争论当中。1956年，周恩来在中共中央召开的全国知识分子问题的会议上，发出了"向科学技术进军"的号召。1957年，著名科学家钱学森等积极倡议开展人造卫星的研究工作。1958年5月17日，毛泽东在中共八届二次全会上提出："苏联人造卫星上天，我们也要搞人造卫星。"毛泽东的这个想法，不仅展示其个人的政治胸怀和战略眼光，更体现了中国共产党人发展航天事业的勇气和追求。根据这一战略考虑，中国科学院把研制发射人造卫星列为1958年重点任务，并规划出人造卫星的总体设计，甚至提出在1959年国庆节时将中国的第一颗卫星送往太空的大胆设想，由此拉开了中国向太空进军的序幕。显然，这些总体设计和大胆设想受到了当时"大跃进"极左思潮的影响，脱离了中国的经济实力、科技水平和工业基础，因而也缺乏实现的可能性。怎么办？在这个关键时刻，邓小平经过多方沟通后明确指出，卫星明后年不放，与国力不相称。中国科学院随之调整任务部署，提出"以探究火箭练兵、空间物理探测打基础，不断探索卫星发展方向，筹建空间环境模拟试验室，研究地面跟踪接收设备"的具体方针。在这个方针的指引下，中国太空技术的开发和研究逐步展开。1964 年，我国成功发射了第一枚弹道式导弹，爆炸了第一颗原子弹。1970 年 4 月，我们的人造卫星在太空奏响了"东方红"的旋律，中国成为继苏、美、法、日之后世界上第五个独立研制并发射人造地球卫星的国家。此后，我们的航天业获得快速发展。我们研制和生产了各种特殊功能的卫星，主要包括资源卫星、气象卫星、通讯卫星、导航卫星、海洋卫星等。以卫星研究、制造和发射为基础，中国太空技术获得长足发展。我们在研究、生产和发展太空飞行器技术及其配套装置技术，把太空飞行器送达预定轨道的运载技术，对太空飞行器进行监视、测控和管理的技术，都取得了极大的进步。甚至用不了太久，中国的天宫空间站可能成为太空中唯一的空间站。

从中国太空技术发展的历程中不难看出，领导者在作出重大决策的时候，必须着眼于世界发展的全局，精准确定本国的发展方位，从本国的政治、经济、文化、国防等多个方面的实际出发，及时制定出战略性发展规划，才能保证这项重大决策的顺利进行。能够对国情精准定位，并善于把全局与局部很好地统一起来，是我们做好工作必须具备的基本素质。党的二十大报告提出建成"教育强国、科技强国、人才强国、文化强国、质量强国、网络强国、体育强国、健康中国、美丽中国"等九大强国战略，这些具体战略是强国建设的重要组成部分，是实现中华民族伟大复兴的具体抓手，也是我们战略性调查研究的重要内容。

二、破解复杂难题的对策性调研

所谓对策是对相关问题提出相应的解决办法。对策性调研就是要针对某一区域内存在的问题进行专门性调研并找出相应办法的调研活动。对策性调研是我们在工作中经常进行的调查研究。

开展对策性调研要做好全过程管理。调查研究工作是一个长期复杂的过程，必须做好全过程管理。首先，在调查研究之前要搞清楚存在着哪些复杂性难题。要搞清楚这个问题，可以通过提前向被调查研究的单位发放问卷、与部分岗位代表召开座谈会进行预调研的形式，把某一领域中实际存在的问题先梳理形成几个典型的复杂难题；也可以根据自己分管业务的开展情况和自己日常调研所掌握的情况，直接提出或确定工作中所存在的复杂难题，确定复杂难题清单，并以此作为下一步开展调研的依据。在此基础上，确定调查研究的具体思路和工作方式。其次，在调查研究的过程中进一步确定存在的复杂难题，特别要注意有没有遗漏的复杂难题。因为在调研过程中不可避免地会在实际的工作场景中遇到一些我们预判不到的问题，这些问题看起来可能并不太严重，甚至没有引起人们更多的注意，却实实在在地困扰着基层的工作。绝对不能拿着问题清单就觉得一切尽在掌握之中，而是在调研中进一步发现隐形变异问题和没有发现的新问题，并将其纳入调查研究范围。最后，把调查研究后形成的对策作出可视化和成果化的处理。如果只有调查没有研究，或者有了研究却没有找到解决问题的办法，必然会使人民群众对调查研究丧失热情，甚至丧失信心。在实际调查研究过程中通常存在三种情况：一是尽管做了调查研究却基于多种原因，尚没有形成有效解决复杂难题的对策；二是通过调查研究，理论上已经形成了解决复杂难题的对策，但在实际工作中没有推进实施；三是通过调查研究，形成并实施了解决复杂难题的对策，但人民群众对此并不清楚。因此，我们在调查研究的过程中，对于调查研究的推进情况、对策建立情况、实施对策后的实际效能，应该及时通过公示、宣传等手段让大家都看得到、摸得到，一些能够立行立改的问题更是应该在调研过程中即时解决。

对策性调研的核心在于提出"对策"。对策性调研要突出问题导向和目标导向，把调查研究当作发现问题的"手电筒"，指明问题点对点，提出对策实打实，观点鲜明、切中要害。应该讲，中国共产党人在领导各族人民"啃下深度贫困这块硬骨头，打好脱贫攻坚战"方面，为我们树立了精准提出"对策"的榜样。在不断进行深入细致广泛调查研究的基础上，我们"打好脱贫攻坚战"的理念也在不断变化：从提出"突出重点、加强对特困村和特困户的帮扶"的"精准扶贫"理念，到要求"把扶贫开发、现代农业发展、美丽乡村建设有机结合起来"，再到强调"把'两不愁三保障'各项措施落实到村、到户、到人"等一系列思想的提出，习近平总书记坚持访真贫、问真苦，走遍了全国所有集中连片特困地区，作出一系列重要部署。正是因为找准了导致深度贫困的主要原因，采取有针对性地脱贫攻坚举措，我们如期打赢了脱贫攻坚战，创造了减贫治理的中国样本。实践证明，对策性研究不仅要全面深入细致地了解实际情况，更要善于分析矛盾、发现问题；既要总体分析面上的情况，又要深入解剖麻雀，透过现象看本质，提炼出规律性认识。

开展调查研究的根本目的是发现问题和解决问题。不能发现问题和解决问题的调查研究就是形式主义，对存在的问题听之任之就会误党误国。衡量调查研究搞得好不好，不是看调查研究的规模有多大、时间有多长，也不是光看调研报告写得怎么样，关键要看调查研究的实效，看调研成果的运用，看能不能把问题解决好。特别是对那些涉及改革发展稳定的深层次关键性问题，要细心摸清情况、潜心研究问题、精心提出对策，达到"言之有据、言之有理、言之有度、言之有物"的水准。要把对策性调研作为自我学习、自我教育、自我提高的契机，增强"博观而约取，厚积而薄发"的功力，提升"审问之、慎思之、明辨之"的能力。

三、新时代新情况的前瞻性调研

前瞻性就是要有长远眼光，能够认识到还未发生而又有可能发生的事情。前瞻性调研是指对可能发生或即将发生的问题进行调查研究，以把握事物发展的动向，为下一步工作的开展提前做好各方面的准备。实践告诉我们，只有未雨绸缪，系统谋划，趋利避害，才能赢得发展的主动权。我们对新时代新情况要开展前瞻性调研，要以敏锐的洞察力和预见性调研和分析新情况，把握新问题，提出新思想、新观点和新方法。在新时代新征程，党政领导干部更要善于运用整体性、过程性、创新性和开放式思维方式，把全局、整体作为分析问题、解决问题的出发点和落脚点，把具体问题上升到普遍性的高度去思考，把局部问题放在整体性的空间中去思考，把当前的问题放在过程性的时间中去思考。

做好前瞻性调研是做好新发展阶段各项工作的根本要求。习近平总书记指出："进入新发展阶段，国内外环境的深刻变化既带来一系列新机遇，也带来一系列新挑战"①。新发展阶段，我们不但要不断提高供给体系质量，满足人民群众的物质文化需求，解决城乡之间、

---

① 《十九大以来重要文献选编》（中），中央文献出版社 2021 年版，第 663 页。

区域之间发展的差距问题，而且要不断满足人民群众在民主、法治、公平、正义、安全、环境等方面的需要。但也要看到，国内发展环境也在经历着深刻变化，发展不平衡不充分问题仍然突出，实现高质量发展还有许多短板弱项，我们将面对更多逆风逆水的外部环境。同时，新一轮科技革命和产业革命正在孕育成长，世界进入以信息产业为主导的经济发展时期，核心技术竞争更加激烈，科技对经济发展的作用更加凸显，经济领域的马太效应持续发酵，全球发展失衡，南北差距、贫富差距还在扩大，领土纠纷、移民困局等问题此起彼伏。而且，随着国际力量对比消长变化，第二次世界大战结束后形成的全球权力和治理格局面临解构和重组。保护主义、单边主义上升，世界经济低迷，全球产业链供应链因非经济因素而面临冲击，国际经济、科技、文化、安全、政治等格局都在发生深刻调整，我们必须在一个更加不稳定不确定的世界中谋求发展。对这些困难和挑战、阻力和变数，我们要充分认识到，我国制度优势显著，治理效能提升，经济长期向好，物质基础雄厚，人力资源丰厚，市场空间广阔，发展韧性强大，社会大局稳定。但我们既不能遮掩回避、视而不见，也不能惊慌失措、乱了阵脚，而是要坚持用全面、辩证、长远的眼光去看待，趋利避害，奋勇前进。而认识到这些只是把握新发展阶段发展趋势的第一步，更重要的是要通过前瞻性调研真正掌握我国所面临的国际国内各种问题的真实情况，以更有利于我们做出决策。特别是对一些地区来说，要想实现更好发展，必须解决该地区面临的各类突出问题。

从"数字福建"到"数字中国"的提出，充分体现习近平同志对数字经济在我国发展的前瞻性研究。2000年，时任福州大学副校长的王钦敏在充分调研的基础上，结合自身研究的实际与福建省发展的特点，在国庆节前递交了一份关于"数字福建"的建议书。10月12日，时任福建省省长的习近平同志作出重要批示，肯定建设"数字福建"的重大意义，指出："实施科教兴省战略，必须抢占科技制高点。建设'数字福建'，就是当今世界最重要的科技制高点之一。"① 随后"数字福建"在中共福建省委六届十二次全会上被写入福建"十五"计划纲要建议。12月23日，习近平同志主持召开省政府专题会议，研究"数字福建"建设工作方案，强调"建设'数字福建'，攻占信息化的战略制高点，可以统揽我省信息化全局，发挥后发优势，意义十分重大"。会议明确了"数字福建"的概念，规划远期和近期建设目标，拉开了福建省大规模推进信息化建设的浪潮。一张蓝图干到底，一任接着一任干。根据《2020年福建省数字经济发展指数评价报告》显示，福建省数字经济发展指数达74.58，数字经济规模突破2万亿元，占全省GDP比重超过45%。2021年，福建省数字经济增加值达2.3万亿元，规模和水平继续处于全国前列。5G、平台经济、共享经济、卫星应用、区块链等新产业新业态蓬勃发展，成为推进高质量发展的强大引擎。

习近平总书记总结了"数字福建"发展的先进经验，在2015年第二届世界互联网大会开幕式上第一次提出"数字中国"的概念；2017年10月，在党的十九大报告中明确提出建设网络强国、数字中国、智慧社会等重要理念，"数字中国"被首次写入党和国家的纲领性文件。在十九届中央政治局第二次集体学习时，习近平总书记强调要加快建设数字中国，构建以数据为关键要素的数字经济，推动实体经济和数字经济融合发展。2018年4月，他在致首届数字中国建设峰会的贺信中强调："加快数字中国建设，就是要适应我国发展新的

---

① 《习近平关于科技创新论述摘编》，中央文献出版社2016年版，第102页。

历史方位，全面贯彻新发展理念，以信息化培育新动能，用新动能推动新发展，以新发展创造新辉煌。"①党的二十大召开前后，习近平总书记又作出加快建设网络强国、数字中国的重大部署，开启我国信息化发展新征程，使数字中国建设越来越成为以信息化推进中国式现代化的重要引擎和有力支撑。截至 2022 年底，我国累计建成并开通 5G 基站 231.2 万个，基站总量占全球 60% 以上，所有地级市全面建成光网城市，建成全球规模最大、技术领先的网络基础设施；在用数据中心算力总规模位居世界第二，超算发展水平位于全球第一梯队；工业互联网标识解析体系全面建成，全国累计建成 8000 多个纯数字化智能变电站。2022 年 12 月，中共中央、国务院印发《关于构建数据基础制度更好发挥数据要素作用的意见》，文件从数据产权、流通交易、收益分配、安全治理等四方面系统性构建数据基础制度体系的"四梁八柱"，绘制了数据要素发展的长远蓝图。随后，中共中央、国务院印发了《数字中国建设整体布局规划》，从党和国家事业发展全局和战略高度，提出了新时代数字中国建设的整体战略，明确了数字中国建设的指导思想、主要目标、重点任务和保障措施。建设数字中国成为数字时代推进中国式现代化的重要引擎，成为构筑国家竞争新优势的有力支撑。

四、重大工作项目的跟踪性调研

跟踪性调研是对某一调查对象的发展过程进行长期的、连续不断的调查研究活动。我们要对重大工作项目进行跟踪性调研，定期或不定期地通过调查研究掌握其实施进展和实施质量，发现问题及时采取

---

① 《习近平关于网络强国论述摘编》，中央文献出版社 2021 年版，第 46 页。

措施进行改进和提升，确保项目按时保质完成。用这一方法可以获取对象的动态信息，把握、分析其内在运动规律性，克服一般方法只能掌握其某一时间内静态资料的不足。其优点是对同一调查对象或同一专题，围绕同一内容，在不同时间连续多次开展调查。这种方法可以克服一般调查方法的静态性，可以验证以往调查的准确性，了解决策实施情况，提供反馈信息，修改和完善决策。采用这种调查方法，可对一些时间延续较长的事件，分几次连续搜集其发生、发展、结局等材料，在掌握事实的演变过程之后及时上报。习近平总书记提出的摆脱贫困、推进共同富裕的战略部署，就是跟踪性调研的伟大成果。

走向共同富裕的基础是摆脱贫困。我们都知道，习近平同志先后在村、县、市、省和中央等多个岗位工作过。而无论在哪个岗位工作，如何帮助群众摆脱贫困却一直是他牵挂最多、思考最多、花精力最多的事。宁德是当时中国18个连片贫困地区之一。习近平同志曾形容说，那里是福建"最犄角旮旯的地方"。他在宁德工作近两年时间里，跑遍了124个乡镇中的123个；4个不通公路的特困乡，他跑了3个，下党乡就是其中之一。在不通公路的偏远山区，他就踩着泥泞湿滑的危险山路步行进去。下党乡位于闽东大山深处，是宁德地区寿宁县最边远的山乡，有寿宁的"西伯利亚"之称。这里曾经是无公路、无自来水、无电灯照明、无财政收入、无政府办公场所的"五无乡镇"，素有"车岭车上天，九岭爬九年"的说法。由于山路难走，小贩们都不敢进液体货物，以至于当地不少人连酱油都没有见过。习近平同志了解到下党乡的情况后，对乡干部表示一定要去下党乡一趟。

1989年7月19日，烈日酷暑，时任福建宁德地委书记的习近平同志第一次到下党乡访贫问苦，清早6点多从寿宁县城乘车出发，近3个小时才到达平溪乡上屏峰村，从这里开始，就没有能通往下党乡的公路了。大家在习近平同志带领下，沿着崎岖的山间小路艰难行进，到下党乡时已经是上午 11 点多。他顾不上休息，就在简陋的小学教室里召开了现场办公会议，随后就进村入户，访贫问苦。晚上 8 点多才回到寿宁县城，整整一天，往返一共 14 个小时。1989 年 7 月 26 日、1996 年 8 月 7 日，习近平同志又两次来到下党乡，协调解决下党乡建设发展难题。

通过跟踪性调查研究、访贫问苦、现场办公、解决问题，习近平同志提出"要主抓'做'功，而不是抓'唱'功"。强调要更新观念，拓展思路，把路子摸得更清楚一点，把脚步迈得更扎实一些。要以一村一户一人为对象去想路子、解决问题，一个项目一个项目地上，才能实打实上一个台阶。习近平同志是这样说的，也是这样做的。一进下党乡，习近平同志协调筹措了 72 万元，用于修建公路、通电照明、改善办公条件，作为帮助下党乡摆脱贫困的第一笔启动资金；二进下党乡，习近平同志为洪灾中的百姓送来了慰问金和灾后重建资金，经受洪灾的民众开始重建家园；三进下党乡，习近平同志带来 100 万项目款，下党乡有了第一条省际公路。在习近平同志的长期关怀和亲自推动下，下党乡持续奋斗，走出了一条融党建促扶贫、定制促扶贫、旅游促扶贫、品牌促扶贫、金融促扶贫为一体的精准扶贫之路，实现了"天堑变通途，旧貌换新颜"的华丽蜕变。下党乡民众积极探索创新全国第一个可视化扶贫"定制茶园"模式，创立"下党乡的味道"品牌，全面推行"公司＋合作社＋农户"共建共享模式，因地制宜扶持培育茶叶、猕猴桃、油茶等特色产业；探索传统古村落保护与文化旅游融合发展模式，把古村文化"保"起来，把古厝民居"用"起来，使古村沉睡资源"活"起来；大力发展"清新福建、难忘下党"主题乡村游，致力打造党的作风建设的展示基地、群众路线的教育基地、摆脱贫困的实践基地、乡村振兴的示范基地,昔日闭塞落后的"五无乡镇"嬗变为远近闻名的党性学习小镇。

2019 年 8 月 4 日,在得知下党乡实现脱贫摘帽后,习近平总书记给下党乡乡亲们回信中写道,"当年'三进下党'的场景,我至今还历历在目"①,"经过 30 年的不懈奋斗,下党天堑变通途、旧貌换新颜,乡亲们有了越来越多的幸福感、获得感,这生动印证了弱鸟先飞、滴水穿石的道理。"②勉励乡亲们继续发扬滴水穿石的精神,坚定信心、埋头苦干、久久为功,持续巩固脱贫成果,积极建设美好家园,努力走出一条具有闽东特色的乡村振兴之路。

共同富裕是社会主义的本质要求,是人民群众的共同期盼。改革开放以来,通过允许一部分人、一部分地区先富起来,先富带后富,极大解放和发展了社会生产力,人民生活水平不断提高。党的十八大以来,以习近平同志为核心的党中央不忘初心、牢记使命,团结带领全党全国各族人民,始终朝着实现共同富裕的目标不懈努力,全面建成小康社会取得伟大历史性成就,特别是决战脱贫攻坚取得全面胜利,困扰中华民族几千年的绝对贫困问题得到历史性解决,为新发展阶段推动共同富裕奠定了坚实基础。实现共同富裕不仅是经济问题,而且是关系党的执政基础的重大政治问题。共同富裕具有鲜明的时代特征和中国特色,是全体人民通过辛勤劳动和相互帮助,普遍达到生活富裕富足、精神自信自强、环境宜居宜业、社会和谐和睦、公共服务普及普惠,实现人的全面发展和社会全面进步,共享改革发展成果和幸福美好生活。

---

① 参见《闽山闽水物华新——习近平福建足迹(上)》,福建人民出版社 2022 年版,第 39 页。
② 参见《闽山闽水物华新——习近平福建足迹(上)》,福建人民出版社 2022 年版,第 39 页。

五、典型案例的解剖式调研

俗话说，"麻雀虽小，五脏俱全"。通过解剖一只麻雀，就可以获得对所有麻雀的普遍性的认识。这就是说，典型案例的解剖式调研就如同我们解剖麻雀一样，通过某个典型案例的调研得到某种普遍性的认识，从而找到解决这类问题的方法或思路。应该说，在众多调查研究方法中，这是一种最简捷的、最普遍使用的方法。在大兴调查研究的过程中，我们不妨多一些典型案例的解剖式的调研，在调查研究取得实效的同时提升分析解决问题的能力。

找好典型是解剖式调研的关键。然而，典型在哪里？毫无疑问，典型在基层和一线。而实际上，一些干部总喜欢在办公室做调研，在书本上找材料，在图片里找数字，在别人的描述里面找案例。很明显，这样找到的"典型"是没有代表性和可研究性的。"纸上"调研也充分反映了干部作风慵懒漂浮、不追求客观实际的作风，存在应付心理和缺少解决实际问题的办法，最终让调查研究成了"形式主义"。我们必须记住，"典型"是不会主动飞到办公室来的。"解剖典型"式调查研究，强调要端正态度，要放得下架子，眼睛多向下看，要沉得住气、吃得了苦，多深入群众主动了解问题，注重在基层收集第一手素材；要练就一双"找麻雀"的慧眼，少一些"异想天开""走马观花"，多一些"眼见为实""按图索骥"；少摆"官架子"，多当"小学生"。要结合问题的进一步发展，进行系统性、全面性的思考，这样才能真正找到问题。我们在选择"典型"的时候，一定要确立哲学思维，掌握从个别到一般、由特殊到普遍、由个性到共性的认识原理，善于以小见大、归纳总结。要注意避免某些干部在基层调查研究时的错误倾向：要么"眉毛胡子一把抓"，抓不住主要矛盾和关键问题；

要么"看到芝麻丢西瓜",工作缺乏重点性和系统性;要么认识问题主观片面,发现不了问题的实质。

选择典型必须要有科学的方法。俗话说:"方法不对,努力白费;方法找对,事半功倍。""选典型"要有一份行之有效的"选"的方案,也要有一双善于发现典型的"火眼金睛"。开展"解剖典型"式调查要突出针对性、客观性,要坚持问题导向,不做"无头苍蝇",不选择"盆景""标本",更不能侧重于一隅,以偏概全。要围绕工作中遇到的难题或者基层反映的具体问题来精心选择调研点,学会带着"问题"到基层,以"钉钉子"的态度,多在基层一线问题普遍集中、群众呼声高的地方"蹲点",以寻求问题产生的根本原因。

进行解剖式调研要有耐心还要有钻劲。开展解剖式调研,不但要全身心投入、有打持久战的耐心,也要有全面分析研究、打攻坚战的"钻劲"。一些同志在开展问题研究的时候没有耐心,缺乏一股"钻劲",往往抓住一点皮毛就认为找到了解决问题的方法;有的同志在研究时则显露出极大的畏难和懈怠情绪,没有"解剖麻雀"的本领,导致问题长时间得不到有效解决。作为"商业"的"门外汉",毛泽东在寻乌做调查研究时,总共细化出了盐、杂货、油、豆等20余项,从最细微之处,摸清了寻乌城的"底数",为认清中国农村和小城市的经济状况提供了"样本"。

陈云青浦农村调查同样在经典案例的解剖式调查方面给我们树立了榜样。新中国成立后,由于年轻的执政党对社会主义建设的理论知之不多,对社会主义建设的经验积累不够,对中国建设社会主义的国情知之不深,导致发生"大跃进"、农村人民公社等政策性的错误,造成对农业生产的严重破坏和工业生产的大幅度下滑,刚刚创建的社会主义事业面临着重大风险。怎么办?

中国共产党作为年轻的执政党，为了全面了解各方面的真实情况，为调整国民经济政策提供真实可信的科学依据，于 1961 年 1 月发出在全党"大兴调查研究之风"的号召。陈云为了了解农村情况，以便科学调整党的农村政策，决定深入农村调查研究，从 6 月下旬到 7 月上旬，在上海市青浦县小蒸人民公社住了十五天。陈云之所以到这个地方调研，是因为"农民知道我们，所以敢于讲真话。"他听了公社党委两次汇报，召开了十次专题座谈会，撰写出《青浦农村调查》，其中包括三个报告，题目分别为《母猪也应该下放给农民私养》《种双季稻不如种蚕豆和单季稻》《按中央规定留足自留地》。今天重读这些调查报告，会让我们感到十分震惊甚至不解：陈云作为党和国家的领导人，到农村调查研究居然会搞得这么细致！这么深入！这么全面！这么具有针对性！比如，谈母猪私养比公养的好处有：1. 喂食喂得好；2. 垫圈垫得好；3. 母猪怀孕后注意保胎，不使受惊；4. 注意接生；5. 保护奶猪；6. 夏天注意防暑，冬天注意保暖。或许正是因为这种细致、深入、全面、有针对性的调查研究，才为我们党当时迅速纠正错误政策起到了重要的作用。陈云曾经总结自己调查研究的方法说："搞调查研究有两种方法：一种是亲自率工作组或派工作组下乡、下厂，这当然是十分必要的；另一种是每个高中级领导干部都有敢讲真话的知心朋友和身边工作人员，通过他们可以经常听到基层干部、群众的呼声，后一种调查研究，有'真、快、广'的特点。所谓真，就是他们敢于反映真实情况，敢讲心里话。因为他们信得过你，知道你不会整他们。我就有这样一些朋友。所谓快，就是当问题处于萌芽状态时，就能够及时发现。所谓广，就是全国各省市各行各业，都有许多高中级干部（包括离休、退休的）。在某种意义上讲，后一种调查研究比前一种调查研究更重要一些。"① 陈云青浦调研的案例告诉我们，任何成功都不是一蹴而就的，搞调查研究就要有"板凳一坐十年冷"的定力和毅力，要有"不破楼兰终不还"的决心和信心。面对"麻雀"时，只要我们敢于迎难而上、持之以恒，继承发扬艰苦奋斗精神，就一定能让调研"开花结果"。

六、推动落实的督查式调研

督是"督办"，查是"检查"，调是"求实"，研是"求是"；督查式调研的内在要求就是在查清事实的基础上，对推进落实情况的责任单位进行督办，并分析研究事物发展的必然联系，从而探索总结出规律。督查和调研是实施科学领导、推进工作落实的重要方法，是领导工作的决策之源、谋事之基和成事之道。要实现我国经济社会高质量发展目标，需要落实好大量的工作安排，这就必须要充分发挥督查调研作用，既调查掌握工作实情供领导决策，又督促加快进度保证按时完成任务，确保实现高质量发展目标。在督查中调研，在调研中督查；把督查融于调研之中，使督查更具权威性；同时把调研融于督查之中，使调研更具深刻性，使督查和调研相互推进，更好地提升我们的工作能力。

督查式调研有利于工作的落地见效。从总体来说，我们各级党政领导干部工作作风和领导能力还是比较过硬的，能够胜任领导各族人民实现中国式现代化目标的历史使命。但是，也有少数领导干部存在着作风慵懒、思想懈怠、纪律涣散等问题，在工作中对狠抓落实不坚决、不到位、不规范，搞"上有政策，下有对策"；有的人在执行上

---

① 《陈云文选》第 3 卷，人民出版社 1995 年版，第 372—373 页。

级指示的过程中存在着人为地变通上级的意图，使上级部门制定的正确政策在贯彻落实过程中走形变样；有的人热衷形象工程，盲目追求政绩；因循守旧，满足现状，骄傲自满，作风漂浮；有的人面对问题和困难，和稀泥、逃责任、躲清闲；有的人安于现状，只求过得去、不求过得硬。也有的人本位主义突出，以部门利益为出发点，挑肥拣瘦，不注重配合，效率低下。有的人依赖思想严重，遇事"难"字当头，遇难"退"字当头，经验主义重理论轻实践、好做表面文章、习惯于以会议落实会议，以文件落实文件的现象。这些思想认识上的问题都会造成落实过程中的不落实或假落实。因此，必须推动落实督查式调研，切实提高广大干部在干事创业中的积极性、主动性、创造性，为稳中求快向好地推进中国式现代化建设，实现中华民族伟大复兴的中国梦而贡献力量。习近平总书记指出："干事业不能做样子，必须脚踏实地，抓工作落实要以上率下、真抓实干。特别是主要领导干部，既要带领大家一起定好盘子、理清路子、开对方子，又要做到重要任务亲自部署、关键环节亲自把关、落实情况亲自督查，不能高高在上、凌空蹈虚，不能只挂帅不出征。干事业就要有钉钉子精神，抓铁有痕、踏石留印，稳扎稳打向前走，过了一山再登一峰，跨过一沟再越一壑，不断通过化解难题开创工作新局面。"[①] 党政领导干部在自己的岗位上务必要以敢于迎难而上、勇于负责的实际行动干工作、抓落实。

工作落实不深、落实不细、落实不力的原因是多方面的，但主要在于一些党政领导干部抓落实意识不够强、抓落实能力不足、抓落实方式方法错误等。因此，开展推动落实的督查式调研，主要针对落实中的不足现象而进行针对性调研，需要打破党政领导干部思想观念陈

---

① 《习近平在中央党校（国家行政学院）中青年干部培训班开班式上发表重要讲话强调 年轻干部要提高解决实际问题能力 想干事能干事干成事》，《人民日报》2020年10月11日。

旧，领导方式与方法落后于形式，习惯于计划经济思维、善用行政手段、工作"一刀切"、决策"拍脑袋"，用简单粗暴、强迫命令的方法对待工作，出现"新办法不会用，老办法不管用，硬办法不敢用，软办法不顶用"的尴尬局面。有的年轻干部则存在着实践经验不足、领导方法欠缺、遇到复杂矛盾和工作难点不知如何应对等问题。有的中青年领导干部创新能力低，不能做到从实际出发，喜欢照抄、照搬、照套，只唯上、只唯书、不唯实，陷入形而上学的泥潭。党政领导干部抓落实既要有正确的态度和坚定的毅力，也需要创新工作方式方法，以此才能把工作抓具体、抓细致、抓扎实。实践证明，领导干部抓落实态度坚决、行动迅速、力度大，工作成效就会比较显著；反之则工作进展缓慢、成效不彰，甚至可能出现诸多问题。推动抓落实的督导式调研，还要从多方面着手，使督查式调研的成效更加显著，使落实更接地气。

督查式调研必须关注"实"。古往今来，凡事成于真，兴于实，败于虚，毁于假。领导干部必须坚持"说实话、谋实事、出实招、求实效"。

所谓说实话，要求党政领导干部既要带头说实话，又要鼓励部属说实话，更要善于听实话，戒除私心、胸怀坦荡，虚怀若谷、从谏如流。要营造能够说实话的环境，自觉抛开各种顾虑，摒弃所谓"生存法则""厚黑学"等伪哲学，对组织忠诚，敢提中肯意见，有话说在当面，表里如一、言行一致、实事求是。要培养会说实话的智慧，敢说实话的勇气；注意环境场合、注意表达方式、注意语言情绪，不说片面话、过头话、情绪话，真实反映情况，正确发表意见。

所谓谋实事，要求党政领导干部既要有"愚公移山"的苦干精神，也要有"敢教日月换新天"的气魄，更要有"四两拨千斤"的巧干能力。只有干在实处，才能把嘴上说的、纸上写的、会上定的，变成具体的行动、有效的举措、看得见的成果。要在实干中形成共识、破解难题、推动发展。党政领导干部要有"功成不必在我"的政绩观、"创业必须有我"的责任观、"革命理想高于天"的价值观、"策马扬鞭自奋蹄"的人生观，才能激发干事创业的激情，提升干事创业的能力，享受干事创业的乐趣，迎接干事创业的挑战。谋实事还要求党政领导干部率先垂范、以上率下，才能真正做到自觉执行、不打折扣、不搞变通，改善作风、减少负荷、净化政治生态，才能将干事创业的劲头、智慧、力量形成"合力"，推动我们伟大事业的实现。

所谓出实招，要求党政领导干部要尊重客观规律，真正为人民办理实事、应付急事、处理难事、解忧心事。在抓落实过程中，把出发点放到为党尽责、为民造福上，把落脚点放到办实事上，把重点放到立足现实、着眼长远、打好基础上，要让一切工作、各项政绩经得起实践、群众和历史的检验。切实抓好牵连大事的"小事"和关系全局的"细节"，以小见大、见微知著，杜绝粗枝大叶、好高骛远、大而化之，始终坚持细、严、紧、实。党政领导干部在抓落实的过程中还要统筹各方、善于"弹钢琴"，综合平衡，突出重点、带动全局，将抓大放小、以大兼小与以小带大、小中见大有机结合起来。

所谓求实效，要求党政领导干部无论职位高低，都要在其位，谋其事，在工作中主动作为，切实达到落实的目标。党政领导干部要树立结果导向，强化责任意识，确保落实质量；要构建规范的落实制度，健全上下贯通的工作机制，进而做好协调配合，高标准、高质量地抓好各项政策的落实。每一位领导干部要善于总结经验教训；小总结，小收获；大总结，大收获；不总结，无收获。只会埋头拉车，不会抬头看路，这样只能是蛮干硬干、原地打转。只有善于总结，才能全面、系统、客观、辩证地看待工作落实，使思想永不停滞、永不保守、永不落后，使工作有所发现，有所创造，有所前进。同时，在抓工作落实过程中，应该注意实时反馈、阶段性反馈，不能搞先斩后奏、边斩边奏甚至斩而不奏，也不能等任务全部完成了才反馈，对工作的进展情况、存在的问题及产生的原因、解决的建议和办法都要及时反馈报告。通过反馈，可以让信息更加对称，又能为正确决策提供依据，特别是执行中遇到困难、发现问题时更需要及时反馈，以便重新调整思路和办法，在不偏离工作的目标和方向前提下，更好地化解矛盾、解决问题。中青年领导干部在抓落实的过程中，只要是和岗位职责有关的事，都要及时反馈，做到凡事有交代、件件有着落、事事有回音。

青海省处理木里煤田聚乎更矿事件的过程是运用督查调研取得很好效果的经典案例。木里煤矿是祁连山赋煤带的主要煤炭资源聚集区，其资源储量占全省总探明资源储量的70%以上。因多方面的原因，曾因违法违规开采、过度开发造成当地草原湿地生态环境被破坏，引起舆论广泛关注。为此，青海省政府责令涉事企业限期恢复矿山生态环境。2014年8月，青海省委、省政府领导带队到木里煤田聚乎更矿区现场办公，指导督办生态修复和环境整治工作。可是令人没想到的是，省领导一离开，兴青公司便白天修复整理弃渣，夜间照旧采掘、出煤。自2014年下半年以来，兴青公司打着矿区生态治理修复的旗号，继续实施大规模非法开采，当地人称之"边修复、边破坏；小修复、大破坏"。2016年2月，中央有关部门《关于青海祁连山自然保护区和木里矿区生态环境综合整治调研报告》引起高度重视后，青海省政府出台木里煤矿生态环境综合整治工作实施方案，整治工作进入最为严厉的时期。然而，据相关资料显示，就在当年兴青公司从聚乎更矿区一井田采煤100多万吨。2017年8月8日至9月8日，中央第七环保督察组对青海省开展环保督察。《经济参考报》记者获得的大量图片、视频资料显示，此期间兴青公司在聚乎更矿区一井田煤矿的非法开采仍旧热火朝天，停采时间仅一周左右。2019 年 4 月 26 日，《经济参考报》记者曾以运输车司机身份通过重重盘查，进入聚乎更矿区一井田煤矿 5 号井，目睹了兴青公司"开膛破肚"式采挖形成的巨型凹陷采场。2019 年 7 月 8 日，《经济参考报》记者再赴木里聚乎更矿区，在兴青公司矿区驻地门口看到，两个多小时，75 辆满载煤炭的重型半挂车从兴青公司采煤区呼啸驶出，每辆车装载至少 50 吨，源源开往八公里外的木里火车站煤炭货场。2020 年 7 月下旬初，《经济参考报》记者第三次探访聚乎更矿区东南侧的一井田煤矿 5 号井。兴青公司采煤区内，有四个采煤队、120 台机械、近 300 人在聚乎更矿区一井田煤矿 5 号井开采作业。2019 年 7 月 14 日至 8 月 14 日，中央第六环保督察组对青海省开展环保督察。督察组到天峻县开展下沉督察，兴青公司在聚乎更一井田煤矿的开采停了三天，督察组离开的第二天即恢复开采作业。2020 年 7 月 28 日，为了应对青海省执法部门的监督检查，兴青公司停产四天。31 日下午 14 时左右，检查人员离开，16 时兴青公司即通知各采煤队恢复当日夜班开采。

2020 年 8 月 9 日下午，青海省召开新闻发布会，通报了关于媒体报道木里矿区非法开采问题专项调查工作进展情况和下一步工作部署。调查组初步认定涉事企业涉嫌违法违规，梁彦国、李永平两名厅级干部被免职并接受组织调查。涉事企业负责人马少伟已被公安机关依法采取强制措施。针对媒体报道木里矿区非法开采问题，青海省召开生态环境保护警示教育大会，通报木里矿区非法开采事件调查进度与初步调查结果，以此为戒对全省干部开展警示教育。公安机关成立专案组，已对涉案企业相关责任人采取强制措施，对涉嫌违法违规行为立案调查。青海省纪委监委成立专案组，对公职人员涉嫌失职、失责、贪腐的问题立案调查。青海省委主要负责人要求各级党员干部清醒认识到环保的严峻性，扎扎实实推进生态环境保护，面对提出的问题要整改落实到位。聚焦生态环境重点领域、关键问题和薄弱环节，以钉钉子精神一项一项抓落实，一件一件抓整改，确保党中央决策部署在青海落地落效。谁破坏了生态基础，谁就要为此付出沉重的代价，不论涉及哪一级干部，一经查实，要依法依规依纪严肃处理，绝不姑息。

上面的案例在督查式调研方面带给我们的重要启示是：

要注重督查式调研的制度建设，建立健全严格的目标管理责任制。要将每一项目标任务细化分解成具体的项目，实行定量、定性、定岗、定责管理。制订出切实可行的方案，科学合理地建立目标责任制、责任追究制度，将任务、责任落实到人，做到人人有任务，人人有责任，营造"人人肩上有压力，个个心中有目标"的良好氛围。

要创新督查调研方式。开展督查式调研要因时因事而异，灵活运用；开展督查式调研的主体不仅是政府部门或领导干部，还要发挥媒体和人民群众的作用。督查调研要深入基层，深入群众，到企业和农户走访座谈，不仅及时了解决策落实或工作推进具体情况及实际效果，掌握影响决策落实或工作推进的主要问题，而且注意倾听群众的呼声，并及时梳理有关情况，为领导科学决策提供重要依据。按照"四不两直"要求，采取"暗访"式督查调研，确保更加精准掌握情况。督查调研中实施"三问"，即问政，重点围绕有安排、有时限、有落实、有结果、有反馈等"五有"问询政令落实情况；问效，围绕有关事项办理问询取得实绩实效情况；问计，听取干部群众对有关事项的意见建议。创新线上与线下相结合的方式，积极探索推进"互联网＋政务督查"，全方位畅通信息渠道，快速高效掌握有关情况。依托新闻媒体采取"政务督查＋媒体曝光"方式，推出"先进"，晾晒"后进"，凝聚强大的社会监督合力，助推形成你追我赶的浓厚氛围。

要完善考核激励约束机制。工作任务部署和考核机制的建立要同步进行，通过制订切实可行的量化考核机制，形成干事创业、争先进位、赶学比超、生动活泼的局面。坚决防止干多干少一个样、干好干坏一个样。要根据工作实际增加量化指标和刚性约束，严查"不落实的事"，严究"不落实的人"。

要完善督查机制。习近平总书记指出："在一定意义上说，没有督查就没有落实，没有督查就没有深化。"把加强监督检查作为推进工作落实的关键举措，进一步建立健全日常监督、重点督查相结合的督查机制，按照确定的目标任务，完善各项制度，对重点工作按照时间进度抓好督导落实，严肃查处作风不实、效率不高、落实不畅的行为和事项，特别是对重点工作及时跟进督查，查找存在问题，确保顺利推进。督查问责制度要在督任务、督进度、督成效，查认识、查责任、查作风，明确事前、事中、事后责任上发挥好积极作用。

第四章
调查研究的基本步骤

天下难事，必作于易；天下大事，必作于细。调查研究工作的完成是由多个环节或步骤组成的，只有把调查研究的每一步都安排妥当，注重各个环节的衔接，才能取得更好的效果。可以说，调查研究工作是一个系统的工作，只有把调查研究的每一步都落实好，才能提高调查研究的质量，达到调查研究的目的与效果。

一、提高认识

《工作方案》指出：各级党委（党组）要通过理论学习中心组学习、读书班等，组织党员、干部深入学习领会习近平总书记关于调查研究的重要论述，学习习近平总书记关于本地区本部门本领域的重要讲话和重要指示批示精神，继承和发扬老一辈革命家深入基层调查研究的优良作风，增强做好调查研究的思想自觉、政治自觉、行动自觉。

（一）深入学习领会习近平总书记关于调查研究的重要论述

习近平总书记继承马克思主义调查研究的思想，弘扬中国共产党人调查研究的优良传统，并汲取新时代中国特色社会主义建设过程中所创造的新经验，概括出新理论，把调查研究理论和实践推向新阶段。在新时代搞好调查研究，必须认识学习和掌握习近平总书记关于调查研究的重要论述，入心入脑，落到实处，指导调查研究工作。

强调在新时代开展调查研究的重要性。习近平总书记提出："调查研究是谋事之基、成事之道。没有调查，就没有发言权，更没有决策权。"①回顾我们党的发展历程可以清楚地看到，什么时候全党从上到下重视并坚持和加强调查研究，党的工作决策和指导方针符合客观实际，党的事业就顺利发展；而忽视调查研究或者调查研究不够，往往导致主观认识脱离客观实际、领导意志脱离群众愿望，从而造成决策失误，使党的事业蒙受损失。调查研究是我们党的传家宝，是做好各项工作的基本功。他强调："正确的决策离不开调查研究，正确地贯彻落实同样也离不开调查研究。"②他要求领导干部们"要把调查研究作为基本功，就要坚持从实际出发谋划事业和工作，使想出来的点子、举措、方案符合实际情况"。③这些论述强调了调查研究在开展实际工作中的重要性，也说明搞好调查研究是各级领导干部的必备能力。

领导干部要带头做好调查研究。习近平总书记强调："领导干部要带头调查研究，拿出一定时间深入基层，特别是主要负责人要亲自主持重大课题的调研，拿出对工作全局有重要指导作用的调研报告。为什么要强调各级领导机关的主要负责人亲自下去做调查，亲自主持重大课题的调研呢？因为对各种问题特别是重大问题的决策，最后都需要主要负责人去集中各方面的意见由领导集体决断，而主要负责人亲自做了调查研究，同大家有着共同的深切感受和体验，就更容易在领导集体中形成统一认识和一致意见，更容易做出决定。"④党员领导干部"要大兴调查研究之风，多到分管领域的基层一线去，多到困

---

① 《习近平关于全面建成小康社会论述摘编》，中央文献出版社 2016 年版，第 191 页。

② 《新时代要有新气象更要有新作为 中国人民生活一定会一年更比一年好》，《人民日报》2017 年 10 月 26 日。

③ 《习近平谈治国理政》第二卷，外文出版社 2017 年版，第 144—145 页。

④ 《习近平讲党史故事》，人民出版社 2021 年版，第 183 页。

难多、群众意见集中、工作打不开局面的地方去，体察实情、解剖麻雀，全面掌握情况，做到心中有数"①。在进行调查研究的过程中，要聚焦构建新发展格局、落实"两个毫不动摇"、扎实推进共同富裕等重大问题，深入开展调查研究，积极建言献策。习近平总书记的这些论述，强调各级领导干部是调查研究的主体，搞好新时代的调查研究是各级领导干部的政治责任。

要学会运用科学的调查研究方法。习近平总书记强调："我们进行深入的调查研究，既总体分析面上的情况，又深入解剖麻雀，提出可行的政策举措和工作方案。"② 在调查研究的过程中，"要拜人民为师、向人民学习，放下架子、扑下身子，接地气、通下情，深入开展调查研究，解剖麻雀，发现典型，真正把群众面临的问题发现出来，把群众的意见反映上来，把群众创造的经验总结出来。"③ 在调查研究的方式上，"要防止为调研而调研，防止搞'出发一车子、开会一屋子、发言念稿子'式的调研，防止扎堆调研、'作秀式'调研。"④ 调查研究的目的，"是把事情的真相和全貌调查清楚，把问题的本质和规律把握准确，把解决问题的思路和对策研究透彻。这就必须深入实际、深入基层、深入群众，多层次、多方位、多渠道地调查了解情况。既要调查机关，又要调查基层；既要调查干部，又要调查群众；既要解剖典型，又要了解全局；既要到工作局面好和先进的地方去总结经验，又要到困难较多、情况复杂、矛盾尖锐的地方去研究问题。基层、群众、重要典型和困难的地方，应成为调研重点，要花更多时

---

① 《坚持团结奋斗 贯彻落实好党的二十大重大决策部署》，《人民日报》2022 年 12 月 28 日。

② 习近平：《论把握新发展阶段、贯彻新发展理念、构建新发展格局》，中央文献出版社 2021 年版，第 111 页。

③ 《习近平谈治国理政》第三卷，外文出版社 2020 年版，第 520 页。

④ 《十九大以来重要文献选编》（中），中央文献出版社 2021 年版，第 114 页。

间去了解和研究。"①他提醒全党："要深入开展调查研究，摸清情况，找到症结，做到心中有数，不能拍脑袋决策，真正把功夫下到察实情、出实招、办实事、求实效上。"②

（二）继承和发扬老一辈革命家深入基层调查研究的优良作风

老一辈革命家在领导中国各族人民争取民族独立、人民解放和国家富强、人民幸福的伟大斗争的各个阶段，形成了深入基层开展调查研究的优良作风，这是我们中国共产党人宝贵的精神财富，也是我们在新时代搞好调查研究的精神动力。

搞调查研究必须亲力亲为，身体力行。就是要做到亲眼看，亲耳听，亲自做笔记，亲自分析研究，得出自己的结论。毛泽东认为，凡担任领导工作的人，一定都要亲身从事社会经济的实际调查，不能单靠书面报告。1930 年 5 月，毛泽东用了 10 多天的时间对江西省寻乌县的政治区划、商业经济活动、环境地理交通、土地关系、群众的成分划分、阶级分析、文化习俗等等，进行了全面而详尽的调查与分析，"以俯下身子沉下心的态度"搞调查研究，系统整理成《寻乌调查》，提出了"没有调查，没有发言权"的著名论断。新中国成立后，朱德每年都用两到三个月或更多的时间到全国各地视察。从 1956 年到 1965 年的 10 年间，他就到过 28 个省、自治区和直辖市开展调查研究，向党中央提交了 108 份反映各行各业实际情况的调研报告，其中有 98 份报告是他亲自主持起草的。朱德在报告中提出的要注意发

---

① 习近平：《谈谈调查研究》，《学习时报》2011 年 11 月 21 日。

② 《坚持新发展理念打好"三大攻坚战" 奋力谱写新时代湖北发展新篇章》，《人民日报》2018 年 4 月 29 日。

展手工业和农业多种经营的观点、国防工业要走"军民结合、平战结合"的发展道路、停办农村公共食堂、恢复农村自由市场、调整农村人民公社管理体制等建议，对社会主义道路的探索具有重要的指导意义。邓小平、陈云也是很善于搞调查研究的，而且通过自己深入细致的调查研究而得出的结论，对于推动党和国家事业的发展，都做出了极大的贡献。邓小平的两次南方考察，陈云的上海青浦考查，都可以作为搞好调查研究的经典案例写入教科书的。

　　搞调查研究必须抱有"甘当小学生"的态度，汲取人民群众的智慧，增强自己的决策能力和领导能力。毛泽东曾经指出，搞调查研究，如果"没有满腔的热忱，没有眼睛向下的决心，没有求知的渴望，没有放下臭架子、甘当小学生的精神，是一定不能做，也一定做不好的"①，"群众是真正的英雄，而我们自己则往往是幼稚可笑的，不了解这一点，就不能得到起码的知识。"②1941年3月，毛泽东在《农村调查》序言中说自己在湖南五县调查和井冈山两县调查，找的是各县中级负责干部；在寻乌调查找的是一部分中级干部，一部分下级干部，一个穷秀才，一个破产了的商会会长，一个在知县衙门管钱粮的已经失了业的小官吏；在兴国调查和长冈、才溪两乡调查，找的是乡级工作同志和普通农民。"这些干部、农民、秀才、狱吏、商人和钱粮师爷，就是我的可敬爱的先生，我给他们当学生是必须恭谨勤劳和采取同志态度的，否则他们就不理我，知而不言，言而不尽。"③刘少奇也非常注重拜人民为师，从人民群众中获取智慧。1961年4月1日至5月15日，刘少奇到湖南省宁乡县和长沙县开展调查研究前就

---

① 《建党以来重要文献选编（1921—1949）》第18册，中央文献出版社2011年版，第184页。
② 《建党以来重要文献选编（1921—1949）》第18册，中央文献出版社2011年版，第184页。
③ 《建党以来重要文献选编（1921—1949）》第18册，中央文献出版社2011年版，第184页。

对中南局和湖南省委负责人说，要采取过去老苏区办法，直接到老乡家，睡门板，铺禾草，既不扰民，又可以深入群众。人要少，一切轻装简从，一定要以普通劳动者的身份出现。刘少奇还到生产队和社员们进行面对面的交流。经过40多天与群众心贴心交流、面对面沟通，群众打消顾虑，纷纷向他反映真实看法。正是在刘少奇等中央领导同志深入农村进行实地调研的基础上，1961年5月至6月中央在北京召开工作会议，对"人民公社六十条"草案进行了修改，形成《农村人民公社工作条例（修正草案）》。

搞调查研究要根据不同的调查内容，选准时机召开不同形式和规模的座谈会，找到解决问题的新思路和新办法。1947年10月，为了确保石家庄战役的胜利，朱德把调查会开到了前线，专门到炮兵旅驻地实地考察，召集部分连队指战员座谈如何打阵地攻坚战，如何打碉堡、暗堡，如何实施迫近作业和坑道爆破，如何开展巷战等，进而作出科学的战略部署，打胜解放石家庄的关键性战役。1977年，邓小平恢复工作后，即在北京主持召开科学和教育工作座谈会，收集全国有关科技教育专家谈对科技和教育工作的意见。从8月4日至8日，开了5天的座谈会。会前，邓小平亲自拟定了参会人员名单。会上，邓小平请大家畅所欲言提意见。他认真听后说："通过这次座谈会，我了解了一些情况，也开始了解了当前应该首先解决的一些问题。"①在这次座谈会上，邓小平提出了要尊重知识、尊重人才，四个现代化要从科技教育着手，并作出了1977年当年恢复高考的重大决策。之后，邓小平还持续关注会中作出的工作安排，使这次会议对今后我国科技界、教育界产生了深远影响。

---

① 《邓小平文选》第2卷，人民出版社1994年版，第48页。

（三）增强做好调查研究的思想自觉、政治自觉、行动自觉

增强做好调查研究的思想自觉。思想行动的先导，只有从思想上认识调查研究的重要性，才能自觉地投入调查研究的实践中去，在调查研究的过程中了解中国社会存在的重大问题，并在调查研究的过程中找到解决问题的新思路。当前我国面临的重大问题是什么？党的二十大报告指出："当前，世界百年未有之大变局加速演进，新一轮科技革命和产业变革深入发展，国际力量对比深刻调整，我国发展面临新的战略机遇。同时，世纪疫情影响深远，逆全球化思潮抬头，单边主义、保护主义明显上升，世界经济复苏乏力，局部冲突和动荡频发，全球性问题加剧，世界进入新的动荡变革期。我国改革发展稳定面临不少深层次矛盾躲不开、绕不过，党的建设特别是党风廉政建设和反腐败斗争面临不少顽固性、多发性问题，来自外部的打压遏制随时可能升级。我国发展进入战略机遇和风险挑战并存、不确定难预料因素增多的时期，各种'黑天鹅''灰犀牛'事件随时可能发生。"[1]面对这些情况，我们要增强调查研究的自觉性，对各种可能的风险及其原因做到心中有数、对症下药、综合施策，以更大的力度推进全面深化改革，不断战胜各种风险考验，始终向着既定的目标稳步前行。

增强做好调查研究的政治自觉。党员干部特别是领导干部带头深入调查研究，扑下身子干实事、谋实招、求实效，做到心中有责、心中有民、心中有党。心中有责才能敢于担当，有多大担当才能干多大事业。党员领导干部要对照心中有责的标准，增强敢于担当的自觉，面对大是大非敢于亮剑，面对矛盾敢于迎难而上，面对危机敢于挺身

---

[1]　《习近平著作选读》第一卷，人民出版社 2023 年版，第 21—22 页。

而出，面对歪风邪气敢于坚决斗争。心中有党才有方向，做到在党爱党、在党言党、在党忧党、在党为党，永远跟党走，珍惜党的声誉，维护党的形象；心中有民才能成就辉煌人生，我们要做到在其位、谋其政、负其责，坚持高标准、严要求，把能干成事、敢于担当、有所作为作为立身之本、为政之要。要以强烈的政治意识、宗旨意识、责任意识和使命意识，始终把群众利益放在首位，在群众生命财产受到威胁时挺身而出，在困难挑战面前冲锋在前，用履职尽责书写权为民所用的绚丽篇章。

增强做好调查研究的行动自觉。行胜于言，一步实际行动比一打纲领更重要。大兴调查研究更要落实在具体行动上。一方面，党员领导干部要对调研步骤和方法了然于心，根据自己的岗位职责稳步开展，严守纪律，全身心投入，长期坚持，尤其是把面对面的交流沟通与充分运用互联网、大数据等现代信息技术相结合进行调研，持续更新，以掌握更加全面真实的情况，作出正确的判断和形成务实管用的破解之策。另一方面，党员领导干部要有所侧重，要更多地从规律性、系统性、全局性方面思考解决问题，调研要立足急难愁盼问题和立足重大重点问题并举。我们要尽快走出领导机关、走出办公大楼，深入群众，深入基层，善于与工人、农民、知识分子和社会各界人士交朋友，到群众中去把事实摸透，到田间、厂矿、群众和社会层面中去解决问题。

二、制定方案

调研方案是开展调查研究的行动大纲，只有周密详实的调研方案才能为调查研究工作的顺利开展奠定基础。各级党委（党组）要围绕调研内容，结合本地区本部门本单位实际，广泛听取各方面意见，研究制定调查研究的具体方案，明确调研的项目课题、方式方法和工作要求等，统筹安排、合理确定调研的时间、地点、人员。党委（党组）主要负责同志要亲自主持制定方案。

为什么党委（党组）主要负责同志要亲自主持制定方案？因为，在全党大兴调查研究之风的目的就是要了解基层最真实的情况，并在调查研究的基础上做出正确的决策。这就必然要求调研方案的制定需要主要负责同志亲自制定，也就是要求党委（党组）主要负责同志亲自制定方案。习近平总书记曾指出："当今时代，信息手段十分发达，利用信息工具了解和掌握情况，也是一种方式，而且是越来越重要的方式。但不管通信手段多么发达，有多少了解情况的其他渠道，都不能替代亲自深入实际、深入基层、深入群众进行实地的调查研究。"①因此，党的领导干部要树立"亲自出马"的意识，带领一班人制定好周密细致的调查研究方案。

制定调研方案一定要从实际出发。所谓从实际出发，就是要准确认识调查研究所要解决的主要问题。主要问题在哪里，调查研究就在哪里展开；主要问题越复杂，调查研究就应越深入；调查研究既要防止箭离靶心，也不能"高射炮打蚊子"，为一些细枝末节问题兴师动众进行调研。如果从本本出发，从主观愿望出发，从过去的或别人的经验出发，即使获得一时成功，也只是侥幸或偶然而已，不可能复制。习近平总书记在地方任职时，他每到一地总会开展调查研究，其足迹遍布机关学校、厂矿企业、山村农户、军营边防，而这些调研活动的开展在前期是有着周密的调研方案的，在前期做了大量的准备工作，进行了周密的安排。

---

① 《"键对键"永远取代不了"面对面"》，《深圳特区报》2018 年 1 月 28 日。

制定调研方案一定要保持全面和完整。所谓全面和完整，就是要将调查研究的背景、目的、区域、对象、内容、方法、质量、费用预算及日程安排完整地呈现出来。调研背景一般是说明调研工作的原因与对这次调研工作必要性的解释与总体的概括，要从世情国情党情区域情况及行业情况来考虑问题，说明在当前的情况下调研的意义所在。调研目的就是通过调查研究要达到的效果或要解决的问题，只有目的明确才能使调研的方向明确。调研内容主要解决的是为达到调研目的，必须收集哪方面的信息的问题。调研方法主要说明用什么样的方法开展调研工作，常用的调研方法有文案调研、问卷调研、电话访问、深度访谈、网络调研等形式。调研质量强调的是要保证调研的流程与结果客观、科学、可信。调研预算是要保证调研工作有效开展的经费与人力上的预算，要动用多少经费，让哪些人员参与都需要提前做好安排。调研日程是根据调研需要合理设定调研研究的日程，以便于把调研过程中每天的时间都有效利用起来。

制定调查研究方案必须为突发情况提前制定预案。任何一项调查研究活动都存在着诸多的偶然性，在某种情况下有可能导致出现重大突发性事件。这就要求我们制定调查研究方案的时候，必须坚持底线思维，增强忧患意识，自觉认识调查研究过程中可能出现的重大突发性事件，提前安排好防范化解重大突发性事件的措施；一旦发现可能导致突发性的苗头，及时采取应对措施，保证我们的调查研究工作能够顺利开展，取得预期的成效。

三、开展调研

开展调查研究是把调查研究方案落到实处的过程。《工作方案》明确规定，领导班子成员必须带头参加调查研究，并对调查研究的重点、使用的方法、主要的对象、结果使用等问题作出规定，从而使我们的调查研究工作的开展，有章可循，有法可依。

要针对相关领域或工作中最突出的难点问题进行专项调研。这就要求我们要牢牢把握难点问题，围绕难点问题，找准难点问题的深层次原因，才能有效地解决难点问题。党的二十大报告指出："未来五年是全面建设社会主义现代化国家开局起步的关键时期，主要目标任务是：经济高质量发展取得新突破，科技自立自强能力显著提升，构建新发展格局和建设现代化经济体系取得重大进展；改革开放迈出新步伐，国家治理体系和治理能力现代化深入推进，社会主义市场经济体制更加完善，更高水平开放型经济新体制基本形成；全过程人民民主制度化、规范化、程序化水平进一步提高，中国特色社会主义法治体系更加完善；人民精神文化生活更加丰富，中华民族凝聚力和中华文化影响力不断增强；居民收入增长和经济增长基本同步，劳动报酬提高与劳动生产率提高基本同步，基本公共服务均等化水平明显提升，多层次社会保障体系更加健全；城乡人居环境明显改善，美丽中国建设成效显著；国家安全更为巩固，建军一百年奋斗目标如期实现，平安中国建设扎实推进；中国国际地位和影响进一步提高，在全球治理中发挥更大作用。"[1] 如何完成二十大提出的各个领域的奋斗目标，需要我们在"深入"上下功夫，即深入实际、深入基层、深入群众、深入问题，才能更好更有效地把调查研究做深、做实、做细。

采用正确的调研方法进行调查研究。《工作方法》指出，由于经济社会发展的复杂性，所要调查研究的对象是不同的，也就要求采用不同的调研方法。因而，要坚持因地制宜，综合运用座谈访谈、随机

① 习近平：《高举中国特色社会主义伟大旗帜 为全面建设社会主义现代化国家而团结奋斗——在中国共产党第二十次全国代表大会上的报告》，人民出版社 2022 年版，第 25 页。

走访、问卷调查、专家调查、抽样调查、统计分析等方式，还要充分运用互联网、大数据等现代信息技术开展调查研究，提高科学性和实效性。毫无疑问，科学的方法是开展各项工作所必须借助的手段，是我们完成不同任务所必须运用的媒介。毛泽东曾指出："不解决方法问题，任务也只是瞎说一顿。"[①] 要做好调查研究工作，仅仅有端正的态度是不够的，还必须借助科学方法的帮助。当然，调查研究中要使用什么样的方法，要根据调查研究的实际需要来选择。我们要学会根据调研对象来确定使用的调研方法。如果对象数量较广而且有一定的文化素质，那么问卷调研方法就是比较合适的；如果对象数量不足，采取访谈调研方法更能够获取真实的信息；如果对象行动不便，或者对象文化素质较低，那么入户访谈调研方法就是一种比较适用的方法。我们还要学会根据调研内容来确定使用的调研方法。如果我们需要了解一些比较简单的资料或信息，可以采取查阅资料或者问卷的调研方法；而要了解一些比较复杂的信息，很难通过一张问卷进行全面的了解，那座谈会调研方法就比较合适了。当然，在现实的调查研究过程中，调研对象的多样性和调研内容的复杂性，要求我们学会把多种调研方法结合起来使用。因为，任何一种方法都难免是有缺陷的，多种方式结合使用，能够最大限度地扬长避短，以便最有效地开展调查研究工作，并且确保调研结果的真实科学。总体而言，调查研究是一项系统性、综合性、科学性较强的工作，每种调研方法都各有特点和长处，实际工作中往往要多种方法灵活运用，从不同侧面、不同角度、不同对象获取丰富的信息资料。这需要我们在调查研究的过程中不断使用、灵活掌握、悟其精髓。

---

① 《毛泽东选集》第 1 卷，人民出版社 1991 年版，第 139 页。

要深入社会生活各个领域进行调查研究。《工作方案》提出，要深入农村、社区、企业、医院、学校、新经济组织、新社会组织等基层单位，掌握实情、把脉问诊，问计于群众、问计于实践。要转换角色、走近群众，了解群众的烦心事操心事揪心事，发现和查找工作中的差距不足。唯物史观认为，人民群众是历史的创造者。习近平总书记指出："要坚持到群众中去、到实践中去，倾听基层干部群众所想所急所盼，了解和掌握真实情况，不能走马观花、蜻蜓点水、一得自矜、以偏概全。对调研得来的大量材料和情况，要认真研究分析，由此及彼、由表及里。"① 因此，在调查研究的过程中，要有眼睛向下的决心和甘当小学生的精神，迈开步子，走出院子，去车间码头，到田间地头，进行实地调研，同真正明了实情的各方面人士沟通讨论，通过"交换、比较、反复"，取得真实可信、扎实有效的调研成果，从而得到正确的结论。我们都知道，习近平同志曾在梁家河插队，并担任过党支部书记。他为了改善乡亲们的生产生活条件，希望在村里建设沼气池。然而，陕西省都没有沼气池。怎么办？习近平同志带领相关人员到四川省考察学习，历时40多天的时间，足迹遍布四川省5个区17个县。每见到一个沼气池就下去仔细查看、询问细节，了解在不同的土质上适合使用的建造材料，使用不同建筑材料建造的沼气池的入料口、出料口、密封口的工艺参数应该如何设计等等具体问题。正是通过这次深入实地的广泛而细致的调查研究，习近平同志掌握了建造沼气池的基本技术和管理要求，并结合梁家河的地质情况和生活要求，设计并成功建成了梁家河的沼气池，这也是陕西省的第一口沼气池。我们今天到梁家河去参观考察，一定会去看这个沼气池，随着时光的流逝和

---

① 习近平：《谈谈调查研究》，《学习时报》2011年11月21日。

风雨的打磨，沼气池已经显得有些陈旧。但是，它恰恰记载年轻的习近平同志最早进行调查研究的理论和实践。

调查研究工作的目的是要解决问题。《工作方案》提出，要结合典型案例，分析问题、剖析原因，举一反三采取改进措施。要加强督查调研，检查工作是否真正落实、问题是否真正解决。俗话说，"三分调查，七分研究"。在调查研究的过程中，要努力探寻问题背后的深层次原因。要把大量的零碎的材料去粗取精、去伪存真。对调研得来的大量材料和情况，要认真研究分析，由此及彼、由表及里。对经过充分研究、比较成熟的调研成果，要及时上升为决策部署，转化为具体措施；对尚未研究透彻的调研成果，要更深入地听取意见，完善后再付诸实施；对已经形成举措、落实落地的，要及时跟踪评估，视情况调整优化。领导干部想问题、作决策，一定要对"国之大者"心中有数，多打大算盘、算大账，少打小算盘、算小账，善于把地区和部门的工作融入党和国家事业大棋局，做到既为一域争光、更为全局添彩。要深入研究、综合分析，看事情是否值得做、是否符合实际等，全面权衡，科学决断。作决策前一定要开展可行性研究，多方听取意见，综合评判，科学取舍，使决策符合实际情况。对调查出来的问题进行梳理分类，分清共性问题和个性问题、主要问题和次要问题、全局问题和局部问题、反复性问题和偶然性问题等，在此基础上，具体问题具体分析。同时，要采取多种思维方式研究问题，提高战略思维、历史思维、辩证思维、创新思维、底线思维能力。在调查研究的过程中，要努力探索解决问题的方法。分析原因的关键在于找到问题的症结所在，然后有的放矢，找到解决问题的措施。要在深入分析思考上下功夫，去粗取精、去伪存真，由此及彼、由表及里，找到事物的本质和规律，找到解决问题的方法。要真正做到跟着问题走、奔着问题去，准确识变、科学应变、主动求变，在把握规律的基础上实现变革创新。特别是要围绕人民群众生产生活问题，围绕改革稳定发展问题，抓住老百姓最急最忧最怨的问题，解决好群众最关心最直接最现实的利益问题，真正把功夫下到察实性、出实招、办实事、求实效上。

四、深化研究

要站在全面建设中国特色社会主义现代化的高度，运用习近平新时代中国特色社会主义思想的世界观和方法论为指导，全面梳理汇总调查研究的总体情况，进行深入分析、充分论证，最后做出科学决策。《工作方案》要求，"特别是对那些具有普遍性和制度性的问题、涉及改革发展稳定的深层次关键性问题，以及难题积案和顽瘴痼疾等，要研究透彻、找准根源和症结。在此基础上，领导班子交流调研情况，研究对策措施，形成解决问题、促进工作的思路办法和政策举措，确保每个问题都有务实管用的破解之策。"深化研究，关键是要使调研工作务求做到"深、实、细、准、效"。这个"五字口诀"蕴含着深刻的哲理和方法论意义，具有鲜明的现实针对性，在今天也是指导我们做好调查研究的重要遵循。

"深"就是要深入实际，掌握调查研究的第一手资料。"涉浅滩者得鱼虾，入深水者得蛟龙。"真实有用的信息、深层次问题往往被浮在表面的现象所遮盖，只有"扎"下去，才能"捞"上来。要放下架子、迈开步子、走出院子、扑下身子、沉到一线，深入实际、深入群众、深入基层，到田间地头、厂矿车间和市场社区，亲自去察看、亲身去体验。只有深入实际调查研究，才能够了解基层实情，密切与人民群众的联系，汲取人民群众创造的经验和智慧，形成科学决策；

只有深入实际调查研究，领导干部才能打破思维惯性和路径依赖，不断创新思维方式、工作方式和领导方式，提升自己的工作能力和领导能力。

"实"就是作风要实。坚持实事求是的精神，一切从实际出发，理论联系实际，听真话、察实情，有一是一、有二是二，既报喜又报忧，不唯书、不唯上、只唯实。习近平总书记强调，既要听群众的顺耳话，也要听群众的逆耳言；既要让群众反映情况，也要请群众提出意见。真正有价值的调研，就是要让基层一线的干部群众畅所欲言。只有多听真实的声音、了解真实的情况，才能为正确决策打下扎实的基础。

"细"就是要关注细节。要确立精细思维，只有关注细节才能保证调研得到的资料全面翔实，调研的过程客观真实，调查结论科学有用。既需要"一竿子插到底"的态度，认真听取各方面意见，掌握各个方面的情况；也要善于依靠群众，主动问需于民、问计于民，倾听群众的意见。任何一件小事做乘法后都是一件大事，只有做好细致入微的小事，把群众的冷暖与国家治理的大事紧密地结合起来，才能更好地调查研究。

"准"就是要精准发力。必须善于抓住主要矛盾，透过现象看本质，把握规律性的东西。要围绕着解决问题开展调研，坚持问题导向，明确调研目的，到最合适的环境，剥离一切不相干因素，逐渐摸清问题规律和问题产生条件。真正把情况摸清、把问题找准、把对策提实，不断提出真正解决问题的新思路新办法。

"效"就是要解决问题。调查研究的最终目的是求"效"，就是出实招、见实效，用切实可行的、有针对性的措施解决问题。领导干部必须深入一线调查研究，尤其要到矛盾集中的地方，到发展困难多的地方，到工作打不开局面的地方，到群众意见多的地方，深入了解经济社会发展过程中所遇到的关系全局的突出问题，把握广大人民群众最关心、最直接、最现实的利益问题，认真剖析制约经济社会各项事业发展的原因，积极寻找解决各种矛盾、破解发展难题、保障人民权益的有效方法。全体党员和各级领导干部要谨记并践行，努力在求深、求实、求细、求准、求效上下功夫。

五、解决问题

《工作方案》指出，对调研中反映和发现的问题，逐一梳理形成问题清单、责任清单、任务清单，逐一列出解决措施、责任单位、责任人和完成时限。对短期能够解决的，立行立改、马上就办。对一时难以解决、需要持续推进的，明确目标，紧盯不放，一抓到底，做到问题不解决不松劲、解决不彻底不放手。我们要深刻认识到，调查研究不是目的，形成报告也不是终点，最终的目的是解决问题。因此在调查研究中我们要重点考虑起因、经过、矛盾等方面，最终破解群众想解决而未能解决的问题，进一步增强群众的获得感、幸福感和安全感。

调查研究必须有"靶向"，以问题为导向，找准问题。习近平总书记指出："问题是事物矛盾的表现形式，我们强调增强问题意识、坚持问题导向，就是承认矛盾的普遍性、客观性，就是要善于把认识和化解矛盾作为打开工作局面的突破口。"[1] 任何调查研究都是围绕问题展开的，通过调查研究发现问题、研究问题和解决问题，把握事物的本质和规律。要直奔问题去，实行问题大梳理、难题大排查，着

---

[1] 《习近平关于协调推进"四个全面"战略布局论述摘编》，中央文献出版社 2015 年版，第 86 页。

力打通贯彻执行中的堵点淤点难点。直奔问题去，敢于正视问题、善于发现问题，以解决问题为根本目的，才能把情况摸清、把问题找准，不断提出真正解决问题的新思路新办法。

调查研究必须敢于触碰经济社会发展过程中面临的重大问题。要深入了解把握人民最关心最直接最现实的利益问题，特别是就业、教育、医疗、托育、养老、住房等群众急难愁盼的具体问题。对在调查研究过程中反映和发现的问题必须及时解决。要对各种问题逐一梳理形成问题清单、责任清单、任务清单，逐一列出解决措施、责任单位、责任人和完成时限。对短期能够解决的，立行立改、马上就办。对一时难以解决、需要持续推进的，明确目标，紧盯不放，一抓到底，做到问题不解决不松劲、解决不彻底不放手。对表现在基层、根子在上面的问题，对涉及多个地区或部门单位的问题，上下协同、整体推动解决。

习近平同志有一个重要特点：在调查研究过程中遇到的问题，现场能解决的问题当即解决，不好解决的拿回来研究解决。1991 年 2 月 23 日，在马尾开发区现场办公会上，时任福州市委书记的习近平提出"马尾的事，特事特办，马上就办"，提倡一种对工作闻风而动、雷厉风行的精神。他要求，发扬苦干、实干和艰苦奋斗的精神，勇于改革探索、开拓进取。他主张，"要抓住那些急需解决而又有能力解决的事进行研究，并且本着'马上就办'精神，组织实施，狠抓落实"①。在福州改革开放和现代化建设的实践中，特别是习近平同志主政福州期间，福州以年均超过 20% 的经济增长率快速前进，迅速跻身于全国大中城市前列，成为东南地区改革开放的一面旗帜。2018 年 2 月 1 日，福州市委、市政府颁布了党内法规《福州市"马

---

① 《闽山闽水物华新——习近平福建足迹（下）》，福建人民出版社 2022 年版，第 856 页。

上就办、真抓实干"若干规定（试行）》，为在新的历史时期推动作风建设常态化提供了坚强的制度保障。由此可见，习近平总书记对解决问题的重视。

解决问题的方法要因地制宜、因情施策，防止"一刀切"。就是说要弄清具体情况、研究具体招数、分析具体变化、解决具体问题，切实做到任务具体、标准具体、考核具体。习近平同志指出："抓落实的工作必须抓得很具体很细致很扎实，这也是发扬求真务实、真抓实干优良作风的必然要求。①"因地制宜要严格落实工作责任制，"把目标任务分解到部门、具体到项目、落实到岗位、量化到个人，以责任制促落实、以责任制保成效，形成一级抓一级、层层抓落实的工作局面"②。如在新农村建设上，"一定要走符合农村实际的路子，遵循乡村自身发展规律，充分体现农村特点，注意乡土味道，保留乡村风貌，留得住青山绿水，记得住乡愁。"③在扶贫工作上，"必须创新思路方法，加大扶持力度，善于因地制宜，注重精准发力。"④这都说明各级领导干部在抓落实时要因地制宜，具体问题具体分析。

六、督查回访

《工作方案》指出，各级党委（党组）要建立调研成果转化运用清单，加强对调研课题完成情况、问题解决情况的督查督办和跟踪问效；领导干部要定期对调研对象和解决问题等事项进行回访，注意发现和解决新的问题。

---

① 习近平：《关键在于落实》，《求是》2011年第6期。
② 习近平：《关键在于落实》，《求是》2011年第6期。
③ 《十八大以来治国理政新成就》（上册），人民出版社2017年版，第320页。
④ 《抓党建促脱贫：基层党组织怎么办》，人民出版社2017年版，第7页。

督查就是督促和检查，是督促责任主体，认真落实上级各项指示精神，推动工作决策落实到位，并及时发现和解决工作中存在的问题，保证经济社会发展进程的平稳发展。要使调查研究决策落地见效，必须在督查工作上下大力气、下足功夫，做好督查工作的"督"和"查"。督查工作的"督"：就是要在督工作、促进度上下力，真正树立督查权威，确保决策落实；督查工作的"查"就是要查问题、查原因、查责任，对不能认真履行工作职责，造成领导决策失误、工作落实不到位，甚至贻误工作、造成不良影响的，还要敢于"亮剑"、及时"亮剑"，严格追究相关单位、相关责任人的责任。

督查考核要有的放矢。督查考核要根据当地的实际，实事求是地、科学地、有针对性地制定督查考核方案。我们只要长期坚持把必要的督促检查、考核与当地的实际有机地结合起来，制定切实可行的督查方案，科学、合理设置考核指标，正确应用考核结果，让基层有更多的时间和精力贯彻和落实党的各项方针政策，让党的方针政策惠及到千家万户，让我们的群众从内心深处体会到党的政策好、充分发挥督促检查考核的作用，使之更好更有成效。

要建立高效有序的督查回访制度。抓住督查制度建设这个带有根本性、全局性、长期性和稳定性的问题，调查研究的各种措施才能落实到位，调查研究工作才会有突破、有起色、有成效。要围绕抓好督查回访工作的落实，建立健全目标责任制、督查通报制、工作问责制、奖惩考核制等制度，对明确的工作任务，适时进行检查、考核和评估。从根本上解决不敢抓落实、不想抓落实、不会抓落实的问题，使事有专管之人、人有专管之责、时有限定之期，形成全方位、多层次的督查落实体系，促进工作落实的科学化、规范化和制度化。一要坚持和完善先调研后决策的重要决策调研论证制度。陈云说："领导机关制定政策，要用百分之九十以上的时间作调查研究工作，最后讨论作决定用不到百分之十的时间就够了。"① 为了防止和克服决策中的随意性及其造成的失误，提高决策的科学化水平，必须把调查研究贯穿于决策的全过程，真正成为决策的必经程序。该通过什么调研程序决策的事项，就要严格执行相关调研程序，不能嫌麻烦、图省事。对本地区、本部门事关改革发展稳定全局的问题，应坚持做到不调研不决策、先调研后决策。提交讨论的重要决策方案，应该是经过深入调查研究形成的，有的要有不同决策方案作比较。特别是涉及群众切身利益的重要政策措施出台，要采取听证会、论证会等形式，广泛听取群众意见。二要坚持和完善领导机关、领导干部的调研工作制度。领导干部要带头调查研究，拿出一定时间深入基层，特别是主要负责人要亲自主持重大课题的调研，拿出对工作全局有重要指导作用的调研报告。中共中央办公厅印发的《关于推进学习型党组织建设的意见》明确要求："建立健全调查研究制度，省部级领导干部到基层调研每年不少于三十天，市、县级领导干部不少于六十天，领导干部要每年撰写 1 至 2 篇调研报告"②。三要坚持和完善领导干部的联系点制度。党员领导干部要以身作则，率先垂范。不仅要"身入"基层，更要"心到"基层，始终关心基层联系点，关心联系点的群众。到联系点调查研究，要真心实意地交朋友、拉家常，通过面对面交流，直接了解基层干部群众的所想、所急、所盼。同时，还可有选择地开展蹲点调研。③

① 《陈云文选》第 3 卷，人民出版社 1995 年版，第 189 页。

② 《十七大以来重要文献选编》（中），中央文献出版社 2011 年版，第 334 页。

③ 参见习近平：《谈谈调查研究》，《学习时报》2011 年 11 月 21 日。

◆ 第五章 ◆
调查研究的主要方法

调查研究的方法是多种多样的。在实际的调查研究过程中，常用的调查研究方法主要有：文献调查研究方法、蹲点调查研究方法、座谈会调查研究方法、信访调查研究方法、随时随地调查研究方法等。每一种调查研究方法都有自己的适用范围和独特优势，因此，我们在作调查研究的时候，要根据调查研究的任务和目的，来采用恰当的调查研究方法。

一、文献调查研究方法

文献调查研究是围绕着调查研究的目的而进行的一种通过查阅有关文献资料、获得信息的调查研究方法。历史是最好的教科书。党政领导干部对文献的掌握程度，在某种意义上决定其政治格局和领导水平。党政领导干部如果对其所治理区域的历史、人文都不了解，就无法谈及对所在区域的有效治理。而要对区域的整体情况进行了解，特别是历史人文知识的了解，则必须通过大量的文献资料的阅读来实现。这就要求党政领导干部提升文献调查研究的能力和水平。

应该讲，拥有五千年文明的中华民族必然拥有丰富的文献资料。一般来讲，凡是用文字、图形、符号、音频、视频、电子文件记录下来，具有存贮知识功能的工具载体都称为文献。主要包括以下几大类：一是文献资料类。主要分为经、史、子、集类，档案类和地方志类三个部分。其中，经、史、子、集类是重要的历史文献，是中国传统文化的产物，具有重要的历史价值。档案类可以分为公、私档案两种；凡涉及国家政治、经济、军事等大事的记载，由专门机构加以保管的多是公家档案；此外，包括私人信札、笔记、谱牒、契约、账簿、商号、文书等属于私家档案。地方志是记载各个时期各个地区的社会生活、历史变迁、地理沿革、风土人情等情况的书籍，对于党政领导干部了解国家的历史人文及社会变迁具有重要的价值。二是思想学术类著作和文艺作品，反映当时人的思想、观念，以及学术的发展，体现了当时的社会思想及社会价值追求。三是报纸杂志。报纸杂志是近代以来的产物，是研究近现代以来中国社会生态和民众生活的重要史料。四是日常生活中的文字遗留，更能真实地反映当时社会的实际生活和民众的想法。五是外国人著述类，其中对于中国历史的记载不乏颇有价值者，成为研究中国历史的重要资料来源。六是口述史料，指经历代口耳传承得以保存下来的前人的言行，近些年日益受到人们的重视。

文献调查研究方法的最大特点在于，把对研究对象的调查由直接接触的研究方式转变为间接的资料研究方式，调查者通过查阅文献资料的方式就可以获得自己所需要的资料和信息。文献调查研究方法的这个特点就决定着其与其他调查研究方法相比，具有自己独特的优点和局限性。其主要优点在于，可以超越时空条件限制，广泛了解古今中外的文献资料；可以超越主体的情感和心理因素的限制，获得更加客观、真实、可靠的资料；可以减少许多现场调查研究的活动经费和过程，省时、省力、省钱；可以在前人研究的基础上，提出自己的新的思想和观点，不仅会推进相关问题的研究，其研究成果对后人也会产生启迪。文献调查研究方法的主要局限性在于：一般说来，文献资料是历史性的记载，从内容到形式都是相对固定的，这就使之有可能因为远离火热的社会生活，而缺乏现实性、生动性和具体性；文献资料浩如烟海，且以不同的形式分散保存在不同的资料馆里，这就决定着我们在做调查研究的过程中，很难做到收集齐全所有需要的资料，甚至有可能遗漏掉重要的资料，这就会导致我们的研究结果出现某种不确定性；同时，文献资料是不同的人在不同的时期所记录下的所见所闻，这就决定着文献资料必然会带有记录者的主观情感、认知水平、思想素养、道德追求，这一切就决定着文献资料在某种程度上缺乏客观性、科学性和理性。总之，文献资料这三方面的局限性会给我们的文献调查研究工作带来困扰，我们必须采取相应的措施来自觉克服这些局限性。

文献调查研究的基本要求是，收集资料要多多益善，内容尽可能丰富，种类尽可能多样；既要收集相关历史资料，更要收集最新的资料，而且要注意资料在逻辑上的连续性和累积性。马克思在撰写《资本论》时曾强调收集资料对研究的重要性。他说："研究必须充分地占有材料，分析它的各种发展形式，探寻这些形式的内在联系。"① 这就是说，通过调查充分地占有资料，是进行研究的前提和基础。可以说，马克思是用40多年的时间来研究和撰写《资本论》的，从其中所评述、引证的文献名单，就可以看出马克思所研究的文献范围之广泛、数量之众多、内容之深刻，令我们感叹，也令我们敬佩。正是因为基于这种全面而深刻的研究，才使《资本论》成为"工人阶级的圣经"，为全世界无产阶级提供了反对资本主义制度的锐利思想武器。正如恩格斯所说："自从世界上有资本家和工人以来，没有一本书像我们面前这本书那样，对于工人具有如此重要的意义。"②

习近平同志在运用文献调查研究方法，特别是通过地方志来快速了解地方的情况，确立工作思路方面给我们树立了榜样。所谓地方志

---

① 《马克思恩格斯文集》第 5 卷，人民出版社 2009 年版，第 21 页。
② 《马克思恩格斯文集》第 3 卷，人民出版社 2009 年版，第 79 页。

是记载某一地方的地理、历史、风俗等情况的文献。通过对地方志的阅读了解，可以使党政领导干部快速了解某一区域的历史人文状况，快速掌握区域发展的历史及现实特点，以更高的站位进入工作状态，找到具体的工作方式方法。习近平同志在地方工作时，非常注重对地方志的研究，并从中获取许多感性的第一认识，这对于谋划区域发展有着极大的帮助。他每到一个地方工作，往往是通过各种途径向有关部门借阅地方志，以了解当地的历史和民俗风情。他在福建工作期间就说过："要马上了解一个地方的重要情况，就要了解它的历史。过去，我无论走到哪里，第一件事就是要看地方志。"可以说，通过对地方志的研究，可以使我们了解一个地方的过去，明白这个地方的文化血脉，从而做到具体问题具体分析，有效地指导一个地方未来的经济发展。正因如此，曾与习近平同志共事的人都有一个感受：开会时，一般领导谈的多是土地、GDP 等，但习近平同志会先从当地的历史文化、风土人情讲起，娓娓道来，然后在此基础上说产业、聊发展，对症下药。他在宁德工作时，通过对宁德地区的历史文化的了解，提出了"滴水穿石"的闽东精神和发展思路。在浙江工作时，他用一个多月时间赴各地考察，白天走访调研，晚上查阅市志、县志，提出了浙江长远发展的"八八战略"。习近平同志重视文献调查的做法是值得我们认真学习的。

二、蹲点调查研究方法

所谓蹲点调查研究方法是指调查者从所需要调查的对象中选择最具典型性的地方，进行深入细致调查，收集相关信息资料，分析问题产生的原因，探索事物的发展规律，找到解决问题的新思路、新办法的调查研究方法，也是我们最常用的一种调查研究的方法。

蹲点调查研究作为调查研究中最直接与群众接触的方式，具有独特的优势。在蹲点调查研究过程中，党政领导干部通过进工厂、社区、学校、田间地头，与基层群众交朋友，拉家常，听到了群众的心声，摸到了群众的脉搏，沟通了与群众的感情，思想境界得到升华。通过蹲点调查研究，党政领导干部不但能够通过对"点"上情况的分析解剖，举一反三，触类旁通，把握内在规律，更好地总揽全局；还能够深刻、准确地摸清下情，做好上级精神同本地实际结合的文章，创造性地开展工作；更能把群众的实践经验和智慧集中起来，丰富工作思路，形成正确的决策，减少和避免决策失误。可以说，蹲点调查研究的优势在于能够最直观、最真切地了解到调研对象的实际情况。

用好蹲点调查研究方法，必须从根本上理解"蹲""点""调""研"四个字的含义。能否"蹲"下来，体现了调研者是否具有谦虚好学、甘当"小学生"、尊重人民群众的优良传统。能否选好"点"，体现了调研者是否具备能够把握事物发展主要矛盾的能力。能否"调"进去，体现了调研者是否具备实事求是、求真务实、敢说真话、肯做实事、善于了解真实情况的作风。能否"研"出来，则体现了调研者是否具备通过事物各部分之间的联系把握住事物的本质和规律的本领。

一要"蹲"下来。蹲点调查研究能够使得决策部署真正建立在实事求是的基础上，根据自己的所见所闻，再通过分析、比较和思考，形成对事物情况和性质的准确判断。没有踏踏实实的蹲点调查研究，只依赖别人的二手信息，就很难真正做到实事求是，作出的决策也未必符合实际。马克思主义经典作家历来重视蹲点调查研究。马克思拟定的关于各国工人阶级状况的统计调查提纲和《工人调查表》是在深入各国工人之中得来的，每一条都非常具体细致。恩格斯在英国期间通过细致的蹲点调查研究掌握了可靠的第一手材料，于 1845 年写成《英国工人阶级状况》。在这个过程中，恩格斯在纺织工人和工人住宅区与工人"同吃同住同劳动"，与一大批社会主义者和工人运动领袖成了好朋友。中国共产党人历来重视运用蹲点调查研究的方法开展工作。毛泽东在《寻乌调查》《长冈乡调查》《才溪乡调查》等经典调查研究报告中，都蕴含着蹲点调查研究方法的应用。也正是在这些调查中，毛泽东在掌握中国农村的真实现状的情况下，洞察出领导中国革命的科学理论和正确道路。在党的历次重要决策中，中国共产党都注重到全国各地进行调查研究，特别是注重在调查研究中蹲点调查研究方法的运用，在掌握第一手资料的基础上进行认真分析加工，最后形成有价值的决策。

党政领导干部在蹲点调查研究中要"蹲"下去，一要把民情民意看清楚。要坚持脚步向下、眼睛向下，才能对问题形成全貌认知和规律认识。要多到基层一线去倾听声音，多到问题现场去深究细研，多追溯问题的源头刨根问底，以"打破砂锅问到底"的精神真触碰问题、真研究资料，从而获取问题的"最优解"。二要把热点难点看具体。在车上转一转、乡间走一走、凳子坐一坐，热络的"一下子"或是"一阵子"拉近不了和群众之间的距离，"蜻蜓点水"式的调研转不熟、走不全、坐不热，更不用说了解群众急难愁盼的问题了。党政领导干部要让脚下跑起来，常"坐板凳"、多"说土话"，带着情怀下沉，带着真心倾听，带着温度问候，才能聆听到更多的呼声，摸透最真实的情况，才能够把群众关心关切的热点、重点问题收集起来，用脚步丈量民情民意，用务实的举措解决群众的问题，切实把握调研工作的出发点和落脚点，持续提升人民群众的幸福感。三要把问题本质看透彻。蹲点调查研究必须坚持问题在哪里就往哪里走，问题发生在哪里就把视线聚焦在哪里，要直插现场、直奔问题、直视情况，做"泥腿子干部"到现场获取"第一手资料"；要通过由此及彼、由表及里的分析抓住问题的本质，把调查研究转化为发现问题、研判问题、解决问题的过程，为事业的发展进步夯实基础。

二要选好"点"。蹲点调查研究的"点"具有典型性，只有选好"点"才能把调查研究的目的真正体现出来。选择"点"，必须符合调查目的，符合实际情况，兼顾不同类型。不能只选择先进的、条件好的、容易出成绩的"点"，不选择后进的、条件差的、难出成绩的"点"。党政领导干部要合理、慎重地选择蹲"点"的单位和时机，以收到"观一斑知全豹、抓一点带一版、牵一发动全身"的效果。统一组织的大批量的蹲点，要围绕着中心任务和战略意图，本着业务对口、突出重点、适度分布的原则来安排。突出主题的专项蹲点调查研究，则需要根据调研目的和意图，一般要选在建制比较健全、有一定工作基础、客观条件比较适中的单位进行蹲点。帮助解决问题的专项蹲点调查研究，一般要选择问题比较明显、对面上同类问题有指导意义或对区域整体提高有重要推动作用的单位进行蹲点；着眼制定政策规定以指导全局工作的蹲点，则应把是否具有代表性作为选点的主要标准。对于带有工作规律研究性的蹲点，则要求必须把握全局，确保调查研究得到的经验或结果，能够实在管用，对全局工作有借鉴指导的意义。

总之，蹲点调研的选"点"具有一定的特征，这些特征能有效反映蹲点调查研究的目的。一要具有典型性，二要具有可研究性，三要具有可跟踪性。

三要"调"进去。所谓"调"进去，要求领导干部在调查研究过程中必须真正深入实际，确立调查研究的目的，明晰调查研究的对象，安排调查研究的步骤，落实调查研究的方法，这就必须制定切实可行的调查研究方案。第一，明确目的，编制计划。这是搞好蹲点调查研究的基础和保障。调查研究计划的内容一般包括调研目的、对象、步骤和方法等。调查研究要取得高质量效果，还要注意增强所蹲"点"的针对性。越是奔着问题去，问题越聚焦，调研就越深入。比如，要总结推广一个典型，就要考虑典型的普遍价值，即哪些是别人可以学而且学得会的。还要对方针政策的适用性、方针政策在现有条件下能否得到落实、落实后有什么效果等问题进行针对性调研。总之，蹲点调查研究的目的性越强、针对性越强，调查研究的效果就越好、质量就越高。第二，收集资料，初步分析。在开始调查研究前，领导干部应围绕调查研究的目的，多渠道搜集有关资料，以熟悉和掌握调查研究对象的基本情况，并通过初步分析，确定开展调查研究的重点和主题。要对收集的资料进行初步分析。党政领导干部要对调查研究前所掌握的资料进行熟悉，掌握调查研究对象的基本情况，并通过初步分析，确定开展调查研究的重点和主题。要做好实地调查的准备。调研者要根据调查研究点的情况采取不同的调查方法。如采用访谈方法就要有访谈提纲或访谈表格，以便有针对性地全面了解和掌握情况。对于实地调研要走出机关，走进一线走进百姓，向人民群众学习，获取规律性认识。第三，做好准备，蹲点调查。开展蹲点调查研究过程中，党政领导干部要把握"点"的具体情况，采取不同的调研方法。现代信息化手段发展迅速，调研也可以运用媒体、网络、问卷等间接手段进行，但这只是辅助。对于党政领导干部来说，蹲点调查研究要走出机关门、走进百姓家，向人民群众学习，获取规律性认识。第四，汇总资料，分析研究，形成报告。要对汇总的资料进行分析。在拥有大量资料的基础上，以一定的理论或思想为指导，进行认真的汇总分析，去粗取精、去伪存真，形成报告，得出结论。没有调查研究报告的产生，就无法体现调研的目的，无法反映调查研究的结果，也不可能发挥调查研究报告所具有的指导作用。

四要"研"出来。蹲点调查研究要取得高质量效果，必须要对蹲点调查研究的信息进行充分研究，分析产生问题的原因，在此基础上提出解决问题、谋划发展的新思路。1988年6月，习近平同志刚到宁德任职，就开展了广泛的调查研究，"我六月到闽东上任，七月初至八月初，偕同地区几位领导同志，走了闽东九个县，还顺带走了毗邻的浙南温州、苍南、乐清等地"①。也正是通过广泛的调查研究，习近平同志提出了闽东发展的具体思路，并针对区县乡的具体问题提出了具体发展思路。如在闽东发展思路上提出"弱鸟先飞"，在发展耐力上提出"滴水穿石"，在农业发展上提出"大农业"的路径，在经济发展着力点上提出闽东振兴在"林"的思路，在畲族经济发展上提出要"更开放些"，指出闽东经济发展要处理好六个关系等②，在调查分析第一手资料基础上为闽东发展提供了可行性方案。习近平同志在宁德开展了广泛的调查研究后，对整个宁德地区的面貌有了深刻认识，认为宁德地区要想发展，首先要摒弃"等、靠、要"思想，解决思想上的贫困问题，要有"弱鸟先飞"的意识，发扬"滴水穿石"的精神，实现"弱鸟"先飞、快飞。1988年底，习近平同志在宁德县洪口乡调研中了解到整个洪口乡人口少，梯田面积大，粮食产量低，立即对县里提出要求，"洪口乡是新成立的一个乡，大家要全力支持，要派最强的干部去当书记和乡长"③，并对洪口乡的发展指明方向："第一，洪口乡身处大山之中，造林自不必说，还要种一些经济作物，

---

① 习近平：《摆脱贫困》，福建人民出版社1992年版，第1页。
② 参见习近平：《摆脱贫困》，福建人民出版社1992年版，第68—76页。
③ 《习近平在宁德》，中共中央党校出版社2020年版，第85页。

比如种茶、种果、栽竹子等；第二，这里水资源很丰富，应该勘察一下，看能不能建水库搞水力发电。"① 洪口乡按照习近平同志的指示，修建了水库水电站，既发电又吸收部分劳动力，还把洪口变成了一个旅游景点。

党的十八大以来，一些地方开展作风整顿，不少干部驻村蹲点后感慨地说，在老乡家拉家常与在办公室接待群众来访不一样，睡在农家硬板床上考虑问题与坐在办公室沙发上考虑问题不一样，能够发现平时在办公室看不到、听不到的问题，学到在办公室学不到的新思想、新话语，拿出在办公室想不到的新思路、新举措。这说明蹲点调查研究不但会让党政领导干部有直观的"研"的感受，也会让党政领导干部有理性思考，对"研"的层次有所上升。

三、座谈会调查研究方法

座谈会调查研究方法是开展调研活动的重要手段，也是收集第一手资料的有效渠道。领导干部与了解情况的同志通过座谈会的形式进行深入的交流，可以提升实地调查研究的效率，更好地拓展工作思路，制定对策。

座谈会调查研究方法可分为个别谈话调查研究和会议谈话调查研究两种方式。个别谈话调查研究即调查研究人员与调查研究对象进行面对面的交流，这种交流不需要规定场所、主题、形式，谈话会更亲切、更生动、更随意，也更能反映被调查者的真实想法和诉求。会议谈话调查研究即调查研究人员与若干受访者就某一问题在固定的场域内以聊天的方式进行交谈，这种交谈在主题、形式、场所、议程等

---

① 《习近平在宁德》，中共中央党校出版社 2020 年版，第 85 页。

方面都有相应的规定，更正式、更理性且要有充分的准备。

毛泽东对于如何开好座谈会有着非常丰富的经验，曾经把自己的经验概括为七条：

1.要开调查会作讨论式的调查，对访谈会的方式做出规定。

2.调查会到些什么样人？对座谈会参加者做出规定。

3.开调查会人多好还是人少好？对座谈会人数做出规定。

4.要定调查纲目，对座谈会的程序做出规定。

5.要亲自出马，对领导干部参与座谈会做出规定。

6.要深入和深切，对调查会的程度做出规定。

7.要自己做记录，这是对调查者的行为做出规定。

今天我们用好座谈会调查研究方法，要注意以下几点：

首先，要充分做好召开座谈会的准备。一要确定好座谈会的主题，这是开好座谈会的关键。座谈会带有明显的目的性，要在有限的时间内达到预期目的，一定要围绕着某项工作的重点、难点、热点问题进行选题，特别要选择面上急需回答或带倾向性的主题，不可贪大求全、面面俱到。还要围绕确定的主题，预测座谈中可能出现的棘手问题，做到心中有数。二要合理地选择参加座谈会调查研究的人员。要保证座谈会顺利进行，达到预期的目的，一定要选择好参加座谈会的同志，尽量找不同类型、不同层次，有代表性并且有一定语言表达能力的人参加。如果参加座谈会的人员选择不当，就会流于形式，了解不到真实情况，失去了召开座谈会的意义。三要及时向有关单位下发相关通知，讲明座谈会的时间、目的、规模、参加人员，特别是对需要了解的情况，一定要提前通知给每个与会的同志，以便做好准备。

其次，要注重把握好会议效果。一要善于把握火候。座谈会调查研究虽是常用的行之有效的方法，但若把握不好，往往会适得其反。

在座谈会的规模上，要从座谈会的主题出发，合理确定人员和场地，不要只求表面上的热闹。在座谈的时间上，不宜过短也不宜过长，过短达不到预期效果且有走过场之嫌；太长则容易使人厌倦疲惫，不但影响谈话情绪，而且影响座谈效果。所以既不能长谈，也不可仓促结束。在座谈的次数上，要根据实际工作需要，从实际出发做出合理安排。二要善听众人之言。在组织座谈会时，必须走群众路线，给大家充分发表意见的机会，决不能自认为自己很高明，唯我独尊。这就要求在座谈会中态度要诚恳，放下架子，甘当小学生。不要提较为轻率的问题、不着边的问题，使人弄不清你的想法，甚至引起怀疑，更不要自以为是漫无目的提一些刺激人的问题。还要善于吸取和借鉴不同意见，不要预先设定框框，给人竿子让人爬，强加于人。

最后，选好座谈会调查研究的主持人，这往往是决定着一个座谈会能否开好的关键性因素。一个优秀的座谈会主持人可以点石成金，一个蹩脚的主持人会把座谈会变成聊天会。优秀的主持人应该具备三个方面的能力。一是凝聚与会者的亲和力。座谈会的主持人要与座谈人员间建立信任感。有亲和力的主持人会通过友好表示，使座谈人员凝聚在一起，产生一种合作的意识和趋向意识，让大家全心全意地投入到讨论当中，畅所欲言，表达己意。主持人要始终以座谈目的为导向。在座谈会召开之前，主持人不但要对调查研究的内容充分掌握、了然于胸，还要了解参加座谈会人员的情况，对谈什么、如何谈要做到心中有数、有的放矢。在座谈会召开过程中，要从座谈人员最熟悉、最关心、最感兴趣的话题入手，用拉家常的方式和语言进行交流，使谈话对象能够轻松、愉快地进入交谈状态。要动之以情，推心置腹、开诚布公，投真情实感、讲真话实话；要晓之以理，坚持情理并举、情理交融，做到以情感人、以理服人。真挚的情感交流能使谈话双方消除隔阂、加深了解、增进感情。在座谈会结束之后，还要加强与座谈人员的联系，以利于座谈人员补充资料或信息的提供，以及相关信息的核实。二是座谈过程的控场能力。这就要求座谈会主持人能够控制与会人员的谈话脉络，保证会议正常地按照既定主题发展。如果座谈人员的发言出现跑题或者拖堂现象，要遵循"一切以时间、地点、条件为转移"的原则，注重场合、抓住时机、循循善诱，主动延伸、挖掘、拓展谈话内容，引导座谈人员回归主题，而不是简单的突兀的打断。要恰当地把握好座谈会的节奏，谈话时要张弛有度、收放自如，以合理的方法取得最佳的效果；如果节奏太快或者太慢，就会让谈话对象心慌意乱、无所适从，甚至产生怀疑与误解。还要注意根据不同特点、不同类型的谈话对象，采取不同的谈话方式，创新使用提问式、启发式、漫谈式等方法，与座谈人员同频共振，激发他们的谈话热情和冲动，让他们成为谈话的主体。三是倾听和提问能力。主持人的提问能力很重要。如果没有好的提问技巧，不能就事论事，步步为营，深入挖掘，而是照本宣科，所获得的访谈成果一定是表面和肤浅的。倾听能力对于座谈会主持人来讲也是非常重要的，要倾听出发言者的真实意思表达，包括表面意思和隐性意思，在充分理解的基础上展开下一步的讨论。在谈话过程中，要审时度势、把握分寸，善于抓住对方言语的趋势，通过自己的语言加以引导，使谈话对象知无不言、言无不尽。作为座谈会的主持人，要努力提高谈话的主动性，时刻保持冷静的头脑、清晰的思路，主动发问、由浅入深，着力提高谈话的质量和效率。要努力增强谈话的针对性，在有限的时间里紧扣调研主题进行交流，不绕弯子、不兜圈子，不说废话、不说空话，把调研内容准确、有效地讲清楚、说明白。要努力增强谈话的巧妙性，使整个座谈会的谈话主题明确、妙趣横生、引人入胜、给人启示、令人回味。

四、信访调查研究方法

信访工作是党的群众工作的重要组成部分，既是了解社情民意的重要窗口，也是最能反映底层民众的愿望、尖锐的社会矛盾、复杂的利益诉求的特殊渠道。习近平同志指出："信访，顾名思义就是处理群众来信，接待群众来访"；"信访工作的首义，在于时刻把自己看成人民中的一员，把心贴近人民"；"在新形势下，各级领导必须放下架子，打掉官气，主动上门，把信访工作做到基层，把党的关怀和政府的济助送进普通群众的家庭"。[①] 信访工作说到底就是为人民群众排忧解难，要从最困难的群众入手，从最突出的问题抓起，从最现实的利益出发，设身处地为群众想问题、作决策，多办民生实事，多解民生难题。通过畅通的信访渠道，让老百姓话有地方说、苦有地方诉、理有地方讲、事有人去做，让人民群众有更多、更直接、更实在的获得感、幸福感、安全感。

在中国特色社会主义新时代，用好信访调查研究方法的意义主要体现在三个方面。首先，通过信访调查研究工作来认真倾听群众诉求，了解民心、民情、民意，化解矛盾，排解纠纷，理顺情绪，解决问题，让信访工作成为密切党和政府与广大人民群众联系的特殊桥梁和纽带，成为党和政府做好各项群众工作的重要窗口和阵地。其次，通过信访调查研究工作，及时妥善地化解各类矛盾和纠纷，理顺群众情绪，最大限度地将消极因素转化为积极因素，化不稳定因素、不和

---

① 习近平：《摆脱贫困》，福建人民出版社 1992 年版，第 45 页。

谐因素为稳定和谐因素。最后，通过信访调查研究工作，教育和引导群众以理性合法的方式表达自己的利益诉求，帮助群众解决他们最关心、最直接、最现实的利益问题，促进社会公平正义，促进社会和谐稳定，使人民群众真正提升获得感、幸福感、安全感。

运用信访调查研究方法的重点是摸清信访产生的主要原因，进而有针对性地提出解决问题的方案。我们必须充分认识到，改革开放以来，由于我国面临利益格局的调整、社会阶段的转型、生产生活方式的重大改变、带来的思维方式价值观念的相互冲突，信访产生的原因也是多方面的。我们应该认识到，信访的绝大多数群众是朴实厚道的，是拥护中国共产党和热爱祖国的，反映的情况和问题是较为接近实事的，提出的诉求基本上也是合情合理的；有些问题不仅与民众的切身利益有关，也与党的路线方针政策有关。早在 20 世纪 60 年代，邓小平就严肃指出："那么多人民、干部来信，我们为什么不去调查解决？下去了解情况，给常委提出问题，是我们应尽的责任。"[1]事实上，群众的来访来信，是送上门的调查研究对象和调查研究题目，是社会的"晴雨表"和"温度表"，我们应该拿着这个"晴雨表"到基层去走走，拿着这个"温度表"到民间去量量，看看民众生活百态，量量党和政府方针政策中存在的短板，找找领导干部工作中存在的缺陷，有针对性地提出解决问题的方案，把矛盾化解在萌芽，把问题解决在基层。所以，如果我们能够并善于运用信访调查研究方法，能够认真阅读群众来信和接待群众来访，根据信访提供的线索加以调查甄别，无疑会获得大量其他渠道无法获得的重要材料和信息。所以，每一位领导干部都要重视并学会运用信访调查研究方法。

---

[1] 《邓小平文集（1949—1974 年）》下卷，人民出版社 2014 年版，第 82 页。

运用好信访调查研究方法要求领导干部还必须具备责任感、使命感和神圣感。有了责任感，才能够按照党的宗旨的要求，认真体察群众疾苦、倾听群众的声音，了解群众诉求，掌握真实情况，工作才能接地气暖民心，全心全意为人民服务。有了使命感，才能够把人民对美好生活的向往转化为自己的奋斗目标，把人民群众的事放在心上，品味百姓的酸甜苦辣，把百姓当家人来对待，把百姓的诉求当家事来办理，不拖延，不推诿、不敷衍，体现出人民公仆为人民的优良作风。有了神圣感，才能够把实现人的自由而全面发展作为自己的最高价值追求，在了解民众诉求的基础上，勇于担当，善于尽责，奋力拼搏，努力满足民众多方面、多层次、多样化的需要。所以说，领导干部具备了责任感、使命感和神圣感，在调好信访调查研究的过程中，才能体现出对民众的同情之心、公仆之心和赤子之心。

运用好信访调查研究方法的最高境界，就是变群众"上访"为领导干部主动"下访"。群众上访是为了解决问题，是人民群众将自身的诉求告之以政府，请求政府给予合理的解决。而要将群众上访问题有效地解决，更好方法是要主动深入群众中去，主动了解群众所面临的问题，主动解决问题化解矛盾，这就要求将群众"上访"变为领导干部主动"下访"。习近平总书记指出，信访是送上门来的群众工作，要通过信访渠道摸清群众愿望和诉求，找到工作差距和不足，举一反三，加以改进，更好为群众服务。可以说，"当前群众通过信访渠道反映出来的信访突出问题，既有新动向，也有老难题，但都事关群众切身利益，事关社会和谐稳定。各地各部门要高度重视，强化责任担当，综合运用法律、政策、经济、行政等手段和教育、调解、疏导等办法，把群众合理合法的利益诉求解决好。""各地各部门要加强风险研判，加强源头治理，努力将矛盾纠纷化解在基层、化解在萌芽状态,避免小问题拖成大问题,避免一般性问题演变成信访突出问题。"①因而,要牢固树立"人民信访为人民"的工作理念。始终坚持人民至上,不断完善了解民情、集中民智、维护民利、凝聚民心的工作机制,把群众呼声反映好、合法权益维护好,努力让信访群众的每一个诉求都得到认真负责处理,让信访群众在每一件信访事项解决中感受到公平正义。坚持和发展新时代"枫桥经验",进一步加强和改进信访业务工作,忠诚履行服务党和国家大局、维护群众合法权益、化解信访突出问题、促进社会和谐稳定的职责使命,取得显著成绩。

习近平总书记指出,做好信访工作是领导干部的重要政治责任,各级党委、政府和领导干部要坚持把信访工作作为了解民情、集中民智、维护民利、凝聚民心的一项重要工作,千方百计为群众排忧解难,密切同群众联系,增强群众对党的信任,更好地为党和国家事业凝聚民心。习近平同志在地方工作时,就非常重视信访工作。《习近平在正定》一书的封面照片是时任正定县委书记的习近平同志正坐在一张桌子前听一位老大娘倾诉。据书中的受访者回忆,那时习近平同志经常在正定县大街上放个办公桌,接待群众,现场做信访工作,群众有什么事情,直接向他反映。老百姓有什么冤情,反映什么问题,都是当场就拍板,立刻安排相关部门去处理。正定县现在也经常搞现场接访工作,这个好传统就是从那时候开始的。

1988年12月20日,霞浦县首次举办"地、县领导接待群众来访日",习近平同志到霞浦县做信访接待工作时,与群众面对面谈话,与102名来访群众对话,受理各类问题86件,当场答复解决12件,其余的要求相关部门在一个月内处理完毕。习近平同志在当天就提出,

---

① 《习近平就信访工作作出重要指示强调 下大气力把信访突出问题处理好 把群众合理合法的利益诉求解决好》,《人民日报》2016年4月22日。

要将"信访接待下基层"作为工作制度和重要方法坚持下去。此后，习近平同志率先践行"信访接待下基层"，并在实践中逐步将其延伸扩展为"四下基层"理论。为了强化信访工作，习近平同志研究制定了领导干部下基层接待群众来访制度，后来，每个月 20 日成为宁德领导干部接待群众来访的日子。一位宁德的群众回想起来仍记忆犹新，"没有想到，习书记会这么快主动找到我"。1989 年 5 月，为了解决一位村民在信访中提出的问题，习近平同志亲自带着地、县、乡的干部到村民家里了解情况，解决问题。正是通过将"信访接待下基层"制度化，督促党员干部重视人民群众意见，转变了干部作风，密切了党群干群关系。

在福建期间，习近平还充分利用新闻媒体开展间接调查研究。1992 年，《福州晚报》开辟了专栏，发动市民参与讨论福州的发展，通过报纸征集到的群众建议为"3820"工程做出了重要贡献。习近平同志还经常请《人民日报》、新华社、《经济日报》等媒体记者参加调研活动，与他们一起了解社情民意，不断询问他们的意见。

在浙江，他更是多次到信访工作任务重的市县接访，亲自协调解决群众生产生活中的实际困难和问题。2003 年 9 月 18 日，习近平同志将浦江县作为"信访接待下基层"的浙江第一站，当天亲自接待了 9 批 20 多位群众，解决了山区百姓出行道路、拆迁等难题。他告诉随行干部：我们要变群众上访为领导下访。干部多下访，群众少上访。习近平同志曾在《之江新语》一书中强调领导干部主动下访的重要性：变群众上访为领导主动下访，是我们党的优良传统和作风，是每个领导干部应尽的责任和义务。各级领导干部，都是人民的勤务员。我们的责任，就是向人民负责，为群众解难。习近平同志曾指出，"是否做到'有信必复，有访必答'就行了呢？我看，还不行"。同样，浦江经验对于党政领导干部开展调查研究仍有现实意义。"浦江经验"是习近平同志推动的一项重要信访工作，即领导干部下到基层一线接访。"浦江经验"特别强调党政领导干部多到基层困难大、群众意见多的地方去，变"坐堂等访"为主动下访，直面群众，现场应考，特别考验党政领导干部的能力和水平。一方面，深入基层下访接访，需要党政领导干部亲自讲政策、教方法、作示范、抓督查。这也意味着党政领导干部必须不断提高解决复杂问题和做好服务群众工作的能力和水平。另一方面，"浦江经验"把工作落脚点放在"事要解决"上，通过化解具体矛盾让群众切身有感。"浦江经验"强调把问题解决在基层，消除在萌芽状态，注重从源头查找矛盾问题产生的原因。如针对拖欠农民工工资、城镇拆迁改造、生产用地等群众最关心、最直接、最现实的问题，只有与群众同坐一条板凳、同围一张桌子，倾心交谈、认真记录，深刻剖析根源，找准问题症结，才能切实做到精准施策。可以说，领导干部下访接访，本身释放了一种解决问题的决心，"浦江经验"有助于推动党政领导干部锤炼党性、改进作风、增强本领。2007年，时任上海市委书记的习近平更是再次强调，信访工作是党和政府联系群众的桥梁、倾听群众呼声的窗口、体察群众疾苦的重要途径，是构建社会主义和谐社会的基础性工作。各级领导干部要主动沉下去，到信访矛盾突出的地方接待群众，到信访工作比较薄弱的地方现场办公，推动工作重心下移，切实解决一批信访问题，为基层起好示范带头作用。

党的十八大以来，习近平总书记一再强调"千方百计为群众排忧解难"的观念。2016年4月，习近平总书记就信访工作作出重要指示，强调要加强源头治理，努力将矛盾纠纷化解在基层、化解在萌芽状态，避免小问题拖成大问题，避免一般性问题演变成信访突出问题。2017

年 7 月，习近平总书记又对信访工作作出重要指示，强调要切实依法及时就地解决群众合理诉求，注重源头预防，夯实基层基础，加强法治建设，健全化解机制，不断增强工作的前瞻性、系统性、针对性，真正把解决信访问题的过程作为践行党的群众路线、做好群众工作的过程。党的十九大报告指出："我国社会主要矛盾已经转化为人民日益增长的美好生活需要和不平衡不充分的发展之间的矛盾。"① 随着人民群众在民主、法治、公平、正义、安全、环境方面的要求日益增长，信访矛盾也将呈现新的变化和新的特点。及时解决群众的信访诉求，把问题解决在基层、把矛盾化解在萌芽状态，关键在于严格落实信访工作责任。只有不断提高信访工作专业化、法治化、信息化水平，以责任落实推动信访工作的落实，充分发挥信访部门职能作用，及时梳理群众关切热点焦点难点，不断完善政策措施，改进工作，才能让国家的改革红利不断转化为民生利好。习近平总书记在 2022 年春季学期中央党校（国家行政学院）中青年干部培训班开班式上专门强调："信访是送上门来的群众工作，要通过信访渠道摸清群众愿望和诉求，找到工作差距和不足，举一反三，加以改进，更好为群众服务。"② 习近平同志的这些论述，彰显了坚持以人民为中心的发展思想，展现了真挚淳厚的为民情怀，为党政领导干部在新形势下做好信访工作提供了重要遵循。也可以说，信访工作是直接与人民群众打交道的工作，党员领导干部不能高高在上，要更多地深入基层一线和广大群众中间为群众排忧解难。信访部门是党和政府联系群众的桥梁，是沟通民情的窗口。

---

① 《十九大以来重要文献选编》（上），中央文献出版社 2019 年版，第 8 页。

② 《习近平在中央党校（国家行政学院）中青年干部培训班开班式上发表重要讲话强调 筑牢理想信念根基树立践行正确政绩观 在新时代新征程上留下无悔的奋斗足迹》，《人民日报》2022 年 3 月 2 日。

五、随时随地调查研究方法

随时随地调查研究方法，主要是领导干部带头，以随机选点为主要特征，以实地调研为主要方式，查基层问题，找自身症结，改机关毛病，注重田间地头第一现场，原汁原味地收集基层第一手资料，为听真话、摸实情以正确决策、改进工作提供依据的方法。

随时随地调查研究方法的明显特征是，调查研究是随机地、随地地、随时地进行的活动，而不是刻意的、专门的、事先安排好的活动。首先，随时随地的调查研究是党政领导干部应当采取的常态工作方式。上下级要建立相互信任的工作关系，即使下面有问题，也不要挑剔、责怪、为难基层干部，更不能下车伊始指手画脚。其次，随时随地的调查研究不是临时措施、短期行为，不能漫无边际，随便走走看看，要杜绝盲目性和随意性。随机不随意、不随便，要有明确的主题，带着具体的任务，从实际情况出发，吃透民情和实情，立足于解决现实问题。最后，随时随地的调查研究不是一个筐，什么东西都往里装。有些工作可以结合随时随地的调查研究深入展开，但有些工作还是要有各自渠道，不能到处贴随时随地的调查研究的标签，东一榔头西一棒子。通过随时随地的调查研究，汲取基层和群众的智慧与力量，把党的群众路线和思想路线贯穿于随机调研实践之中。

随时随地调查研究不能停留在就事论事的状态，要善于由表及里、举一反三，使调研成果得到综合运用和及时转化。随时随地的调查研究的现场指导很重要，有些问题可在现场妥善解决，以体现立行立改的要求。当然，调研回来后的问题梳理、经验推广、政策性建议、整改措施落实等工作，还是要一口气地抓下去。要努力做好三项具体工作：一是对发现的问题，点对点下发整改通知，毫不客气，态度鲜明地逐项提出整改要求。二是对先进典型和好的做法及经验，通报表扬并加以宣传推广，形成树标兵学先进的氛围，强化随机调研的正能量。三是第一时间做好情况反馈，不偷偷摸摸当不速之客。提倡不打招呼沉下去，踏踏实实沉到底，先进村入户，然后再浮上来，沟通反馈情况，分析问题，研究对策，提出改进工作的建议。

随时随地调查研究方法的优点在于，能够克服那种事先打好招呼，视察前呼后拥，看到的是下级精心栽培的"盆景"式的调查研究的弊端。运用随时随地调查研究方法，有利于强化基层导向和工作落实，有利于密切干部与群众关系，有利于推进干部作风转变。要运用好随时随地调查研究方法，必须紧紧把握"真"和"实"这两大理念，去伪存真，避虚重实，往往会取得非常好的结果。一方面，随时随地调查研究可以跳出伪调研和被调研的怪圈，克服弄虚作假形式主义的坏习惯，了解真实情况，发现深层次问题，找到解决问题的办法，使调查研究的真实性更加凸显。另一方面，可以使党政领导干部直接与群众联系，培养干部对群众的感情，增强求真意识和务实能力，推动各项工作深入展开全面落实，可以对政策、规定、要求是否符合实际作出研判评估，及时调整完善领导机关的工作。同时，随时随地的调查研究还可以打破基层所形成的应付检查的导向，把基层干部从应付各类工作中解放出来，把更多的精力放在加强基层基础建设上。可以说，随时随地的调查研究看重实效，务实而不图虚名，不赶时髦，不落俗套，也不必过多地去考虑如何"创新"、如何"特色"、如何得到上级的肯定和表扬。

虽然随时随地的调查研究有诸多的优点，但是存在一些局限性。如随时随地的调查研究容易陷入走马观花，沿途看景，浮光掠影，浅尝辄止，沉迷于表面现象的误区。要克服这种局限性，就必须注意要突出调查研究的主题，带着具体任务，体察民情，摸准实情，着眼于解决问题；必须在深入和深化上做文章，用实劲实招，练就分析真问题解决真问题的本领；必须进村入户广泛接触群众，能走田间小路、翻山越岭，深入到田间地头、车间厂房、社区物业、学校课堂；只有这样，才能看到最真实的效果。

学会运用随时随地调查研究方法，积极开展多种方式的随时随地的调查研究。一是随时随地的区域性调研。1927年，毛泽东在对长沙、湘潭、湘乡、衡山、醴陵的调研中调查的对象就比较广泛，包括各县的党、政、工、农、团，以及各部门负责人和一般人员，参与人数较多。在韶山银田寺调研中，由于现场人数较多，有30多人。毛泽东引导在场每一个人打开"话匣子"，让大家敞开心扉发言。大家的积极性得到调动，甚至还相互争论。在大家的争论中，毛泽东通过去粗取精听真话，对实情的辨别也就越来越清晰。习近平同志在梁家河时，为了学习使用沼气，也开展了随时随地的调查研究，带人走遍了四川5个地区17个县，冒着感染血吸虫病的风险趟河沟、踩水，细致考察不同地方沼气池建设的情况，回来后带人打下了陕西省第一口沼气池；在正定，习近平同志还经常骑自行车下乡进行随时随地的调查研究，坚持到基层摸清情况。他还让正定县委干部上街搞随机问卷调查，他自己把桌子往大街上一支，坐在那里听取群众意见，了解到很多实际情况，对正定农村的现状和经济发展中存在的问题有了深入了解，对正定的战略定位和制定经济发展的规划形成了比较成熟的思路。

二是随时随地的街头接访。习近平同志在正定县任党委书记时，经常主动走在大街小巷听取人民群众意见。很多时候，他都是在街头一站，随机招呼遇到的村民，把人三三两两聚齐后，认真听取并记录群众反映的问题，再通知大队干部开会，商讨解决老百姓的困难。他觉得这样和群众面对面，一起聊，一起想，在深入调研的基础上考虑问题、认识问题，才能制定出正确的解决方案。他在永泰县做接访工作时，听到教师代表反映永泰一中校舍存在安全隐患问题，当场表示要及时解决危房问题，并及时协调县市财政解决了资金问题，对危房进行了搬迁和改造，师生的安全得到了保障。他告诫领导干部们："在新形势下，各级领导必须放下架子，打掉官气，主动上门，把信访工作做到基层。"[①] 街头接访的调研制度就这样在福建坚持了下来。当地党员干部通过这种调研方式帮群众解决了很多问题。

　　总之，调查研究的方法非常多，我们要在日常工作中做调查研究的有心人，认真学习调查研究理论，自觉运用调查研究方法，努力提升调查研究的能力。

---

① 习近平：《摆脱贫困》，福建人民出版社 1992 年版，第 45 页。

第六章

调查研究的工作要求

《工作方案》对此次在全党大兴调查研究提出具体而全面的工作要求，强调要加强组织领导，严明工作纪律，坚持统筹安排，加大宣传力度，从而使此次调查研究工作的全面展开有章可循、有纪可依，为实现在全党大兴调查研究的目的提供了重要保障。

一、加强组织领导，确保调查研究深入持续

《工作方案》指出：各级党委（党组）要高度重视调查研究工作，作出专门部署，科学精准做好方案设计、过程实施、监督问效等各个环节工作。党委（党组）主要负责同志负总责，抓好本地区本部门本单位调查研究的推进落实；班子其他成员各负其责，抓好分管领域和分管单位的调查研究工作。领导干部要带头开展调查研究，改进调研方法，以上率下、作出示范。

在开展调查研究的过程中，各级党政领导机关要各司其职，搞好分工协作。这就要求我们必须着眼于各级党政领导机关的结构，各司其职、各履其责，形成既有分工又有合作的精干组织。其中，各级党委（党组）作为调查研究的领导机构，要按照《工作方案》的要求，高度重视调查研究工作，提高做好调查研究的自觉性；要从本地区本部门本行业的实际出发，作出开展调查研究的专门部署，科学精准做好方案设计、过程实施、监督问效等各个环节工作。党委（党组）主要负责同志，必须担负起"一把手"的责任，负总责、当总管，抓好本地区本部门本单位调查研究的推进落实，真正把调查研究工作做实、

做精、做细、做好，而不能做虚、做糙、做粗、做坏。班子其他成员按照工作分工，各负其责，抓好分管领域和分管单位的调查研究工作。领导干部要带头开展调查研究，改进调研方法，以上率下、作出示范。

我们必须清醒地认识到，大兴调查研究、努力提高调查研究能力，是各级领导干部的政治责任。因为，党和国家的路线方针政策是通过民主集中制的方式制定出来的，里面包含着相关部门领导干部的智慧和心血。而这些路线方针政策是否正确、是否符合各个地区部门行业的实际情况，能否达到决策者所希望达到的目的，则取决于相关领导干部是否真正了解实际情况，真正做到从纷繁复杂的信息中运用科学的方法概括出带有根本性的问题，揭示出事物发展的规律性认识，从而为上级部门的科学决策提供真实的客观依据。同时，党和国家的各项路线方针政策最终能否得到有效落实，也取决于每一位领导干部的辛勤工作和奉献精神；特别取决于领导干部能否真正了解本地区本部门本行业的实际，从而把上级文件精神实质同本地区本部门本行业的实际相结合，创新性地找到解决本地区本部门本行业所存在问题的新办法、新路径。所以，广大领导干部是否具备很强的调查研究能力，是否肯于到基层单位进行深入细致的调查研究，直接关系到党和国家事业的兴衰成败。

我们在调查研究的过程中，应该保持开放性的思想方法和工作方法，破除本位主义等错误的思想观念，做到上级单位和下级单位之间、不同地区部门单位之间，可以相互使用调查研究的材料，积极提供调查研究的经验，共享调查研究的成果，把党和国家事业的顺利发展同本地区本部门本单位的发展有机统一起来，做一个胸怀"国之大者"、能干事、肯干事、敢干事、干成事的领导干部。

二、严明工作纪律，确保调查研究有章可循

《工作方案》指出，调查研究要严格执行中央八项规定及其实施细则精神，轻车简从，厉行节约，不搞层层陪同。要采取"四不两直"方式，多到困难多、群众意见集中、工作打不开局面的地方和单位开展调研，防止嫌贫爱富式调研。要加强调研统筹，避免扎堆调研、多头调研、重复调研，不增加基层负担。要力戒形式主义、官僚主义，不搞作秀式、盆景式和蜻蜓点水式调研，防止走过场、不深入。要在调查的基础上深化研究，防止调查多研究少、情况多分析少，提出的对策建议不解决实际问题。对违反作风建设要求和廉洁自律规定的，要依规依纪严肃问责。这是对调查研究的方式、地点、作风、结果作出了明确规定。

注意调查研究方式，严格执行各项纪律和规矩。中国共产党是一个有纪律的政治组织。在革命战争时期，我们党创立了"三大纪律六项注意"（后来发展为"八项注意"），提出"一切行动听指挥、不拿群众一针一线、一切缴获要归公"。在延安时期，毛泽东提出一个著名的观点："路线是'王道'，纪律是'霸道'，这两者都不可少"。认为纪律是"霸道"，是强调纪律的刚性束缚，要求党员干部必须严格遵守，否则就会影响党的路线方针政策的贯彻执行。毛泽东还说："孙行者头上套的箍是金的，列宁论共产党的纪律说纪律是铁的，比孙行者的金箍还厉害，还硬。"中国共产党人正是靠着铁的纪律，攻坚克难，百炼成钢，带领人民群众推翻三座大山，建立新中国。邓小平也十分重视纪律问题。他一直强调，要教育人民成为"四有"人民，教育干部成为"四有"干部。"四有"就是有理想、有道德、有文化、有纪律。在"四有"当中，理想和纪律特别重要。"没有理想，没有纪律，

就会像旧中国那样一盘散沙，那我们的革命怎么能够成功？我们的建设怎么能够成功？"因此，他要求，"共产党员一定要严格遵守党的纪律。""遵守纪律的最高标准，是真正维护和坚决执行党的政策，国家的政策。所以，有理想，有纪律，这两件事我们务必时刻牢记在心。"①

习近平总书记更是重视党的纪律。党的十八大结束后，中共中央政治局于 2012 年 12 月 4 日召开会议，审议通过了中共中央关于改进工作作风、密切联系群众的八项规定，其第一项要求就是领导干部必须搞好调查研究，对领导干部进行调查研究和加强党的作风建设立下了严格的规矩。2013 年初，习近平总书记在第十八届中央纪委第二次全体会议上讲话中指出："我们党是靠革命理想和铁的纪律组织起来的马克思主义政党，纪律严明是党的光荣传统和独特优势。党面临的形势越复杂、肩负的任务越艰巨，就越要加强纪律建设，越要维护党的团结统一，确保全党统一意志、统一行动、步调一致前进。"②2015年 1 月，习近平总书记要求："明制度于前，重威刑于后。各级党组织要把严守纪律、严明规矩放到重要位置来抓，努力在全党营造守纪律、讲规矩的氛围。"③同年，中共中央印发了《中国共产党纪律处分条例》，对于维护党章和其他党内法规、严肃党的纪律、坚持从严治党发挥了重要作用。党的十九大将纪律建设纳入新时代党的建设总体布局，在党章中充实完善了纪律建设的相关内容。党中央决定根据新的形势、任务和要求，修订完善并于 2018 年 8 月 18 日印发了《中国共产党纪律处分条例》，从政治纪律、组织纪律、廉洁纪律、群众纪律、工作纪律、生活纪律作出全面规定，列出负面清单。所以，我

---

①　《邓小平文选》第 3 卷，人民出版社 1993 年版，第 111、112、205 页。

②　《习近平谈治国理政》，外文出版社 2014 年版，第 386 页。

③　《习近平谈治国理政》第二卷，外文出版社 2017 年版，第 156 页。

们在调查研究的过程中，必须认真遵守党的政治纪律和政治规矩。《工作方案》指出："对违反作风建设要求和廉洁自律规定的，要依规依纪严肃问责。"

要精选调查研究地点，多到困难多问题多的地方。《工作方案》要求："要采取'四不两直'方式，多到困难多、群众意见集中、工作打不开局面的地方和单位开展调研，防止嫌贫爱富式调研。要加强调研统筹，避免扎堆调研、多头调研、重复调研，不增加基层负担。"所谓"四不两直"的方式，是一种暗查暗访制度，具体内容为不发通知、不打招呼、不听汇报、不用陪同接待，直奔基层、直插现场。这种调查研究方式旨在解决基层单位在上级部门来进行调查研究之前存在的"层层准备"、调查研究过程中的"层层陪同"、调查研究后的"层层过问"的问题；使调查研究者能够真正了解基层的真实情况，把握调查对象的真实想法，发现调查单位的真实问题。习近平同志曾特别强调，领导干部在调查研究的过程中要有"自选动作"，要"看一些没有准备的地方，搞一些不打招呼、不作安排的随机性调研，力求准确、全面、深透地了解情况，避免出现'被调研'现象，防止调查研究走过场"①。可以说，这既是习近平同志对调查研究工作在党和国家事业发展进程中重要作用的精辟总结，也是对自己成长经历的精辟总结。

注意调查研究作风，反对形式主义官僚主义。毛泽东历来反对形式主义和官僚主义。早在 1933 年 8 月，他在《必须注意经济工作》一文中谈到："官僚主义的领导方式，是任何革命工作所不应有的，经济建设工作同样来不得官僚主义。要把官僚主义方式这个极坏的家

---

① 习近平：《谈谈调查研究》，《学习时报》2011 年 11 月 22 日。

伙抛到粪缸里去，因为没有一个同志喜欢它。每一个同志喜欢的应该是群众化的方式，即是每一个工人、农民所喜欢接受的方式。"① 1946年，毛泽东在《论联合政府》中批评了各种脱离群众的错误工作方法和思想方法。他说："二十四年的经验告诉我们，凡属正确的任务、政策和工作作风，都是和当时当地的群众要求相适合，都是联系群众的；凡属错误的任务、政策和工作作风，都是和当时当地的群众要求不相适合，都是脱离群众的。教条主义、经验主义、命令主义、尾巴主义、宗派主义、官僚主义、骄傲自大的工作态度等项弊病之所以一定不好，一定要不得，如果什么人有了这类弊病一定要改正，就是因为它们脱离群众。"② 习近平总书记也多次强调反对官僚主义和形式主义的问题。2017年12月，他在主持中共中央政治局民主生活会时指出："形式主义、官僚主义同我们党的性质宗旨和优良作风格格不入，是我们党的大敌、人民的大敌。"③ 他列举了官僚主义和形式主义的表现，指出形式主义者"下基层调研走马观花，下去就是为了出镜头、露露脸，坐在车上转，隔着玻璃看，只看'门面'和'窗口'，不看'后院'和'角落'，群众说是'调查研究隔层纸，政策执行隔座山'。""在官僚主义方面，主要是脱离实际、脱离群众，高高在上、漠视现实、唯我独尊、自我膨胀。"④ 因此，他告诫全党，调查研究千万不能搞形式主义，不能搞浮光掠影、人到心不到的"蜻蜓点水"式调研，不能搞做指示多、虚心求教少的"钦差"式调研，不能搞调研自主性差、丧失主动权的"被调研"，不能搞到工作成绩突出

---

① 《毛泽东选集》第2卷，人民出版社1991年版，第124页。

② 《毛泽东选集》第3卷，人民出版社1991年版，第1095页。

③ 《习近平谈治国理政》第三卷，外文出版社2020年版，第500页。

④ 《习近平谈治国理政》，外文出版社2014年版，第369页。

的地方调研多、到情况复杂和矛盾突出的地方调研少的"嫌贫爱富"式调研，而是要拜人民为师、向人民学习，放下架子、扑下身子，接地气、通下情，既到工作局面好和先进的地方去总结经验，又到群众意见多的地方去，到工作做得差的地方去，到困难较多、情况复杂、矛盾尖锐的地方去调查研究，真正把功夫下到察实情、出实招、办实事、求实效上。2019 年 1 月，他在中共十九届中央纪委三次全会上的讲话中指出："形式主义、官僚主义是目前党内存在的突出矛盾和问题，是阻碍党的路线方针政策和党中央重大决策部署贯彻落实的大敌。"他详细例举了形式主义、官僚主义在日常工作中的各种表现，要求全党"必须从讲政治的高度来审视"这些问题，"从思想和利益根源上来破解"这些问题。他指出："形式主义背后是功利主义、实用主义作祟，政绩观错位、责任心缺失，只想当官不想干事，只想出彩不想担责，满足于做表面文章，重显绩不重潜绩，重包装不重实效。官僚主义背后是官本位思想，价值观走偏、权力观扭曲，盲目依赖个人经验和主观判断，严重脱离实际、脱离群众。这些思想和行为，都会使党的路线方针政策难以贯彻，使群众热切期待落空，使党的执政基础受到侵蚀。"① 因此，要把力戒形式主义、官僚主义作为重要任务，反对形式主义要着重解决工作不实问题，督促领导干部树立正确政绩观，克服浮躁情绪，抛弃私心杂念。"大兴调查研究之风是克服形式主义、官僚主义的一个有效办法。现在我们了解情况的手段和渠道很多，有地方和基层上报的信息，有新闻媒体报道的材料，有各种会议发言反映的情况，还有互联网传递的社情民意。了解情况的渠道千条万条，但是调查研究要放在第一条，这是不可替代、不会失真的

---

① 《习近平谈治国理政》第三卷，外文出版社 2020 年版，第 502—503 页。

一条。通过二手材料了解情况是必要的，但不能代替亲身调研。"①反对形式主义和官僚主义，要着重解决在人民群众利益上不维护、不作为的问题，既注重维护最广大人民根本利益和长远利益，又切实解决群众最关心最直接最现实的利益问题。可以说，习近平总书记关于反对形式主义、官僚主义的论述，是对毛泽东关于反对形式主义和官僚主义思想的继承和发展，也是对新时代新征程广大党员干部确立科学思想方法和工作方法提出的新要求。

深化调查研究结果，提出科学合理应对措施。进行深入细致的调查研究，是为了做出正确的决策。毛泽东曾说："领导者的责任，归结起来，主要地是出主意、用干部两件事。"②陈云说："难者在弄清情况，不在决定政策。只要弄清了情况，不难决定政策。"③我们搞调查研究必须围绕全面建设中国特色社会主义现代化这个主题，寻策问道、找出差距、提出整改措施、落实整改方案。要努力防止出现调查多研究少、情况多分析少的情况，克服调查和研究脱节的问题，杜绝提出的对策建议不解决实际问题的倾向，确保我们的调查研究工作不走神、不迷航。

三、坚持统筹安排，确保调查研究规范有序

《工作方案》指出：坚持统筹安排。对表现在基层、根子在上面的问题，对涉及多个地区或部门单位的问题，上下协同、整体推动解决。统筹当前和长远，发现总结调查研究的有效做法和成功经验，完善调查研究的长效机制，使调查研究成为党员、干部的经常性工作，

---

① 《习近平关于调查研究论述摘编》，党建读物出版社、中央文献出版社2023年版，第118页。

② 《毛泽东选集》第2卷，人民出版社1991年版，第527页。

③ 《陈云文选》第3卷，人民出版社1995年版，第46页。

在全党蔚然成风、产生实效。

坚持统筹安排，要形成调查研究的合力，上下协同，整体推动解决问题。社会是一个复杂的有机体，各个方面相互联系、相互制约、相互影响。有些问题表现在基层，而根子却在上面；有些问题又涉及多个地区部门单位，牵一发而动全身。这就要求在调查研究的过程中，主要负责人要履行第一责任人责任，把调查研究工作紧紧抓在手上，不能搞"权力下放"，不能当"抛手掌柜"，一级抓一级，一级带一级，层层抓落实。各级领导干部要建立联系点，解剖麻雀，加强指导，把联系点建成示范点。同时，各级领导干部之间特别要加强工作联动，健全上下贯通的工作机制，落实工作中分工与协作的关系，进而做好协调配合，高标准、高质量地抓好调查研究工作。对调查研究工作中出现的不良倾向、错误苗头、潜在性问题，要及时发现，深入分析其产生原因，提出有效的预防和解决问题的对策。

调查研究的结果应当及时转化为决策部署，转化为具体措施，完善调查研究的长效机制。一是要建立健全严格的调查研究目标管理责任制。要制定调查研究的实施方案，明确总体要求，细化分解工作要点，确定具体的落实单位和责任人员及时限要求。将每一项调查研究的目标任务细化分解成具体的项目，实行定量、定性、定岗、定责管理，将调查研究的任务和责任落实到人，做到人人有任务，人人有责任。二是要完善调查研究的考核激励约束机制。调查研究的工作任务部署和考核机制的建立要同步进行，通过制订切实可行的量化考核机制，形成干事创业、争先进位、赶学比超的生动活泼的局面；坚决防止调查研究多少一个样、调查研究好坏一个样的错误倾向；要注意根据调查研究工作的实际增加量化指标和刚性约束，严查"不落实的事"，严究"不实干的人"，严追"没解决的问题"。三是要完善调查研究的督查机制。习近平总书记指出：在一定意义上说，没有督查就没有落实，没有督查就没有深化。把加强对调查研究的监督检查作为推进调查研究工作落实的关键举措，进一步建立健全日常监督、重点督查相结合的督查机制，按照确定的目标任务，完善各项制度，对重点工作按照时间进度抓好督导落实，严肃查处作风不实、效率不高、落实不畅的行为和事项，特别是对重点工作及时跟进督查，查找存在问题，确保顺利推进。督查问责制度要在督任务、督进度、督成效，察认识、察责任、察作风，明确事前、事中、事后责任上发挥积极作用，从而使调查研究成为党员、干部的经常性工作，在全党蔚然成风、产生实效。

四、加大宣传力度，确保调查研究氛围良好

《工作方案》指出：加大宣传力度。充分利用党报、党刊、电视台、广播电台、网络传播平台等，采取多种多样的宣传形式和手段，大力宣传大兴调查研究的重要意义和各地区各部门各单位大兴调查研究的具体举措、实际成效，凝聚起大兴调查研究的共识和力量，营造浓厚氛围。

新时代大兴调查研究必须重视宣传工作。应该讲，重视宣传工作是中国共产党的优良传统、突出优势。在战争年代，尽管条件极其艰苦、环境极其恶劣，我们依然是千方百计搞好宣传工作。从党成立之日起，党的第一份决议、第一个纲领、第一份中央局通告都对宣传工作作出规定、提出要求。党的主要领导人都高度重视宣传思想工作。毛泽东指出，"共产党是要在左手拿宣传单，右手拿枪弹，才可以打倒敌人的"。邓小平指出，宣传工作是"一切革命工作的粮草"。习近平总书记更是重视宣传工作。他在 2013 年 8 月召开的全国宣传

思想工作会议上的讲话中指出："宣传思想工作一定要把围绕中心、服务大局作为基本职责，胸怀大局、把握大势、着眼大事，找准工作切入点和着力点，做到因势而谋、应势而动、顺势而为。"① 当前，在全党大兴调查研究是党中央向全党发出的伟大号召，是我们完成全面建设中国特色社会主义现代化国家必须经历的途径，是摆在我们面前的最重大、最艰苦的任务。我们必须发扬好党重视宣传工作这个优良传统、运用好这个突出优势，大张旗鼓地宣传大兴调查研究的必要性和重要性，让全党同志知道为什么在新时代要搞调查研究、怎样搞调查研究、调查研究的主要内容、调查研究的方法等一系列基本问题，调动广大党员干部大兴调查研究的积极性和主动性，形成肯于搞调查研究、愿意搞调查研究、善于搞调查研究的风气，要通过声势浩大的宣传思想工作，营造大兴调查研究的氛围。

做好宣传工作必须坚持正确舆论导向。习近平总书记曾指出："坚持团结稳定鼓劲、正面宣传为主，是宣传思想工作必须遵循的重要方针。"② 在全党大兴调查研究的过程中，我们宣传工作同样要坚持这个重要方针。因为，全面建设中国特色社会主义现代化国家是一项伟大而艰巨的任务，我们面临的挑战和困难前所未有。我们必须通过深入细致的调查，搞清楚我们面临的挑战和困难到底是什么，弄明白我们应对这些挑战和困难的优势和劣势，积极探索建设中国特色社会主义现代化国家的基本规律，为人类现代化建设贡献出中国智慧和中国经验。所以，我们在大兴调查研究的过程中，必须坚持巩固壮大主流思想舆论，弘扬主旋律，传播正能量，努力发现典型人物，积极宣传典型事例，激发全社会在调查研究中团结奋进的强大力量。当然，俗

---

① 《习近平谈治国理政》，外文出版社 2014 年版，第 153 页。
② 习近平：《论党的宣传思想工作》，中央文献出版社 2020 年版，第 16 页。

话说，"林子大了，什么样的鸟都有"。在调查研究的过程中，出现一些负面事件、反面人物，也是正常情况。我们必须学会用理性思维去分析这类事件和人物发生的原因，用客观态度去鉴别这类事件和人物是否需要宣传，怎样宣传。习近平总书记曾专门谈到对新闻真实性问题的看法。他说："新闻媒体是社会舆论的发射器，也是社会舆论的放大器。如果只看到黑暗、负面，看不到光明、正面，虽然报道的事情是真实发生的，但这是一种不完全的真实。一叶障目、不见泰山，攻其一点、不及其余，尽管这一叶、这一点确实存在，但从总体上看却背离了真实性。……连篇累牍、不厌其烦地报道各类负面消息，社会就会缺乏精气神，甚至人心就会散掉。"① 这也是我们大兴调查研究过程中做好宣传工作所必须注意的问题。

做好宣传工作必须坚持守正创新。古语道，"明者因时而变，知者随时而制"。调查研究的过程就是运用习近平新时代中国特色社会主义思想的世界观方法论为指导，收集新材料、发现新情况、研究新问题、探索新方法、开拓新思路的过程。换句话说，调查研究的过程，就是守正创新的过程。所谓守正，就是守党的新闻宣传工作的职责和使命之正；所谓创新，就是宣传内容、宣传手段的创新，使我们的宣传工作能够快速适应大兴调查研究的需要，成为大兴调查研究的鼓舞者、呐喊者和高唱者。在守正理念方面，要坚持党的新闻宣传工作的职责和使命，高举旗帜、引领导向，围绕中心、服务大局，团结人民、鼓舞士气，成风化人、凝心聚气，澄清谬误、明辨是非，联接中外、沟通世界。在内容创新方面，要善于发现并积极宣传能够反映时代精神和群众诉求的先进人物和典型事例，用生活的语言来讲好鲜活的故

---

① 习近平：《论党的宣传思想工作》，中央文献出版社 2020 年版，第 187—188 页。

事，增强其吸引力和感染力，让群众爱听爱看，能够引起广泛共鸣，充分发挥正面宣传鼓舞人、激励人的作用。在形式创新方面，在运用好传统媒体的基础上，充分发挥网络和自媒体的作用。当代中国，网络和自媒体以令人震惊的速度在扩张和发展，网络传播所具有的虚拟性、自由性、快捷性、交互性、开放性、海量性、隐秘性等特点，使之成为当下最有号召力、凝聚力和传播力的媒介。但是，如果管理和引导不到位，也会产生网络暴力或重大舆情事件等负面的效用。因此，在大兴调查研究的过程中，我们必须科学运用网络和自媒体，引导、规范网络和自媒体，充分发挥网络和自媒体真正的作用。

习近平总书记对从事宣传工作的同志提出很高的要求。他说："宣传思想战线的同志要当战士、不当绅士，不当'骑墙派'和'看风派'，不能搞爱惜羽毛那一套。宣传思想战线的同志要履行好自己的神圣职责和光荣使命，以战斗的姿态、战士的担当，积极投身宣传思想领域斗争一线"。[①] 我们都应该在大兴调查研究的实践过程中，努力锻炼自己的坚强意志，提升自己的斗争本领，做一名宣传思想战线的合格战士。

---

① 习近平：《论党的宣传思想工作》，中央文献出版社 2020 年版，第 189 页。

责任编辑：刘敬文

图书在版编目（CIP）数据

新时代怎样做好调查研究 / 阮青，马彦涛著 . —北京：人民出版社，2023.9
ISBN 978－7－01－025899－7

Ⅰ.①新… Ⅱ.①阮… ②马… Ⅲ.①中国共产党－党的作风－调查研究
Ⅳ.①D261.3

中国国家版本馆 CIP 数据核字（2023）第 160142 号

新时代怎样做好调查研究
XINSHIDAI ZENYANG ZUOHAO DIAOCHA YANJIU

阮　青　马彦涛　著

人民出版社 出版发行
（100706　北京市东城区隆福寺街 99 号）

中煤（北京）印务有限公司印刷　新华书店经销

2023 年 9 月第 1 版　2023 年 9 月北京第 1 次印刷
开本：710 毫米×1000 毫米 1/16　印张：10
字数：120 千字

ISBN 978－7－01－025899－7　定价：50.00 元

邮购地址　100706　北京市东城区隆福寺街 99 号
人民东方图书销售中心　电话（010）65250042　65289539